人类的故事

[美]亨德里克·威廉·房龙　著
小袋鼠工作室　编译

黑龙江科学技术出版社

图书在版编目（CIP）数据

人类的故事 /（美）亨德里克·威廉·房龙著；小袋鼠工作室编译 .—哈尔滨：黑龙江科学技术出版社，2019.3（2024.9 重印）
ISBN 978-7-5388-9423-3

Ⅰ.①人… Ⅱ.①亨… Ⅲ.①人类学—青少年读物②世界史—青少年读物 Ⅳ.①Q98-49②K109

中国版本图书馆 CIP 数据核字（2017）第 278495 号

人类的故事
RENLEI DE GUSHI

作　　者	[美] 亨德里克·威廉·房龙
编　　译	小袋鼠工作室
项目总监	薛方闻
策划编辑	孙　勃　赵　铮
责任编辑	孙　勃　宋秋颖
封面设计	新华环宇教育科技有限公司
出　　版	黑龙江科学技术出版社
	地址：哈尔滨市南岗区公安街 70-2 号　邮编：150001
	电话：（0451）53642106　传真：（0451）53642143
	网址：www.lkcbs.cn
发　　行	全国新华书店
印　　刷	三河市燕春印务有限公司
开　　本	787 mm×1092 mm　1/16
印　　张	11.75
字　　数	200 千字
版　　次	2019 年 3 月第 1 版
印　　次	2024 年 9 月第 4 次印刷
书　　号	ISBN 978-7-5388-9423-3
定　　价	45.00 元

【版权所有，请勿翻印、转载】

前 言

汉斯及威廉：

当我只有十二三岁的时候，我的启蒙老师——舅舅，使我爱上书籍和图画，他答应带我去探险，一次难以忘怀的探险——他带我到鹿特丹的一个老圣劳伦斯教堂的塔楼顶上。

我们选了一个风和日丽的日子，教堂的司事拿着一把巨大的钥匙——它绝对能够和圣彼得的钥匙相媲美——为我俩打开了那扇通往塔楼顶部的神秘大门。他说："当你们想出来的时候，拉拉铃就可以了。"话音刚落，他关上了大门，生锈的铰链还发出吱嘎的声音，一下子我们就与熙熙攘攘的街道隔绝了，大门把我们锁在了一个全新的陌生世界里。

在我的生命中，我第一次发现了"能够听得见的寂静"这种现象。当我和舅舅走到第一段楼梯时，我在对自然现象的有限的知识里面又深刻地体会到可以触摸到的黑暗。一根火柴为我们指引方向。我们一层一层地往上，第二层、第三层、第四层……已经记不清是第几层了，上面的楼梯仿佛没有尽头。最后，我们一下子走进了一片巨大的亮光之中。塔楼的这层与教堂的顶部是齐平的，这里是储藏室，零散地堆放着一些有关古老信仰的圣像，它们在很多年前就被这座城市的善良居民们抛弃了，在这些被抛弃的圣像身上积了一层厚厚的尘土，这些对我们的祖先来说是代表生死的重要信物，但是在这里沦为了尘埃和垃圾。在这些雕像间净是老鼠搭的窝，一尊仁慈的圣像伸出的双臂间净是机敏的蜘蛛织出的网。

再上一层楼梯，终于被我们发现了，光亮原来是从这里的一个敞开的窗户里透进来的。巨大的窗户外面是沉重的铁条，无数只鸽子把这么高的地方作为它们舒适的居所。风透过铁栅栏吹进来，空气中沉浸着一种神秘却又令人愉悦的旋律。仔细一听，这声音原来是从我们脚下传进来的喧嚣的城市的声音。遥远的距离把这些旋律过滤得清澈而又干净。

楼梯到这一层就结束了，如果再往上爬就必须要借助于梯子。我们小心翼翼地

人类的故事

爬完第一架又旧又滑的梯子，映入我们眼帘的是一个崭新而又伟大的奇观——城市的时钟。看到它，我仿佛看到了时间的心脏，我听到了时间飞速流逝的沉重的脉搏声，一秒、两秒、三秒……一直到六十秒。正在这时，伴随着一阵突然发出的震颤声，仿佛所有的齿轮一齐停止了转动，永恒的时间长河在这里被切断了。再往上一层是许许多多的钟，有优雅的小钟，还有体形巨大、令人畏惧的巨型大钟。房间的正中间是一口大钟。当它在半夜敲响，告诉人们某一处发生了大火或洪水时，我总是吓得浑身僵硬、冒出虚汗。然而现在，这口大钟却被笼罩在如此寂静庄严的气氛中，仿佛正在回忆过去的600年里，它和鹿特丹人民一同经历的那些欢乐与哀愁。大钟的旁边挂着一些小钟，它们摆放得整整齐齐，样子活像老式药店里面摆放的大口瓶子。

我们接着往上爬，再次进入一片黑暗当中。此时的梯子也比刚才的更加陡峭、更加危险。爬着爬着，忽然间，我们呼吸到了浩瀚广阔的天空中那清新的空气，这时，我们已经来到了塔楼的最高点。头顶上是一望无际的蓝天，脚底下的城市就像是一个由积木搭成的玩具。人们像蚂蚁一样匆匆来去，人人都有自己的思想，忙着自己的事情。远远望去，在一片乱石堆外，是乡村广阔的绿色田野。

这是我对广阔世界的最初一瞥。

从那以后，我一有机会就会到塔楼顶部自得其乐。登上塔楼顶可是一个体力活儿，但我体力上的付出能使我得到充分的精神回报。并且，我非常清楚这份回报是什么。在这里，我可以纵览大地和天空，我可以从我那位好心的朋友（塔楼看守人）那里听到许多精彩的故事。在塔楼一个隐蔽的角落里，有一间小房子，看守人就住在这个小房子里面。他的职责就是照顾城市的钟，同时，他也是照顾所有钟的细心的父亲。他还密切地注视着这座城市，一旦有灾难的迹象他就会敲钟发出警讯。

他熟悉历史故事，历史对他来说是活灵活现的事情。他会指着一处河弯对我讲道："看那儿！就是那儿，我的孩子，你看到那些树了吗？那儿就是奥兰治亲王挖开河堤，淹没大片农田的地方。为了拯救莱顿城，他必须这么做。"他还给我讲老梅兹河的历史故事，讲解这条宽阔的河流是如何由便利的海港变成这壮观的大马路的。还有著名的德·鲁伊特与特隆普的船队的最后出航，他俩为了探索未知的海域，让人们能够自由地航行在这片汪洋大海上，从此再也没有回来。

再往远处看是一些小村庄，围绕在保护它们的那座教堂四周。很多年以前，这里曾经是守护圣徒们的居所。远远望去是德尔夫的斜塔，它那高耸的拱顶见证了沉

前 言

默者威廉惨遭暗杀的事件。格罗斯特就是在这里发明的拉丁文语法。再远些,那个又长又矮的建筑就是高达教堂,早年曾经有一位智勇双全的伟人居住在这里,他就是著名的埃拉斯穆斯高达教堂里一个被收养的孤儿。

最后,我们的目光落在了那片浩瀚无边的海洋的银色边际上。它与近在脚下的大片屋顶、烟囱、花园、学校、铁路等建筑形成了鲜明的对比。我们把这片拼凑在一起的土地称为自己的"家",但塔楼却赋予了旧家新的启示。从塔楼顶部俯瞰下去,那些杂乱无章的街道与市场、工厂与作坊,全都变成了展示人类能力和目标的标志。更加有益的是,纵观人类的辉煌历程,能使我们鼓起新的勇气直接面对日常生活中的各种困难。

历史是一座雄伟壮丽的经验之塔,它是时间在流逝的岁月中苦心搭建起来的。要想登上这座古老的塔楼顶端去一览众山并不是一件容易的事情。这里虽然没有电梯,但是年轻人只要有强壮的双脚,就能够完成这次艰苦的攀登之旅。

在这里,我送给读者一把打开世界之门的钥匙。当你们返回的时候,就能够理解我现在为何如此热情了。

亨德里克·威廉·房龙

目录 Contents

上　卷 ………………………………………… 1

第一章　人类的历史承续 ……………………… 3
第二章　人类最初的模样 ……………………… 6
第三章　早期的人类 …………………………… 8
第四章　埃及人的神秘书写术 ………………… 11
第五章　人类文明的重要发祥地——尼罗河 … 14
第六章　埃及发展史 …………………………… 16
第七章　东方文明第二个中心——美索不达米亚平原 … 18
第八章　楔形文字所暗藏的秘密 ……………… 19
第九章　犹太民族的杰出领袖——摩西 ……… 21
第十章　现代字母的原型——腓尼基人的文字 … 23
第十一章　异军突起的印欧种族 ……………… 24
第十二章　亚洲文明的"中转站"——爱琴海文明 … 26
第十三章　欧洲历史正式拉开帷幕 …………… 28
第十四章　古希腊的城邦制 …………………… 30

1

第十五章　古希腊城邦的"共产主义"................32

第十六章　古希腊人的生活态度....................34

第十七章　人类娱乐的第一种形式——古希腊戏剧........36

第十八章　希腊人和波斯人的争夺战..................38

第十九章　雅典和斯巴达的权力之争..................41

第二十章　亚历山大和他的大帝国....................43

中　卷................45

第二十一章　罗马和迦太基之间的恩怨................47

第二十二章　罗马帝国是怎样兴起的..................54

第二十三章　从罗马共和国到罗马帝国................56

第二十四章　关于约书亚的那些事....................62

第二十五章　帝国最后的辉煌........................65

第二十六章　基督教会的建立........................68

第二十七章　阿拉伯沙漠上的先知——穆罕默德........73

第二十八章　查理曼大帝............................78

第二十九章　猖獗的北欧海盗........................82

第三十章　西欧的封建制度..........................84

第三十一章　骑士制度和骑士精神....................87

第三十二章　王权与教权的较量......................89

第三十三章　欧洲人的十字军东征....................94

目录

下 卷 99

第三十四章 充满自由气息的中世纪城市 101

第三十五章 中世纪的自治制度 104

第三十六章 中世纪人们眼中的世界 106

第三十七章 中世纪商业贸易的兴衰 108

第三十八章 古希腊、古罗马、古埃及文明的救赎 110

第三十九章 人们表达内心的需要 113

第四十章 地理大发现 115

第四十一章 照亮东方的佛陀与孔子 118

第四十二章 马丁·路德和宗教改革 120

第四十三章 天主教和新教间的战争 123

第四十四章 英国的大革命 126

第四十五章 "权力均衡"原则和欧洲的平静 129

第四十六章 莫斯科公国的崛起 131

第四十七章 俄国和瑞典的交战 133

第四十八章 普鲁士的崛起 135

第四十九章 重商主义对欧洲的影响 137

第五十章 震惊世界的美国独立战争 139

第五十一章 伟大的法国革命 142

第五十二章 野心勃勃的拿破仑 145

第五十三章 女先知和神圣同盟的故事 148

第五十四章 反动势力的顽抗 151

第五十五章	欧美各国的民族独立战争	154
第五十六章	改变人类世界的工业革命	158
第五十七章	社会革命的风暴	161
第五十八章	影响深远的奴隶解放运动	163
第五十九章	突破重重障碍的科学革命	166
第六十章	艺术的回归	168
第六十一章	西方列强的殖民扩张与战争	171
第六十二章	新世界的建立	173
第六十三章	临别赠言	175

结束语 176

上 卷

我们最早的祖先外貌丑陋，不过是一种毫无魅力可言的哺乳动物罢了，与其他的哺乳动物没有太大区别。与现代人相比，他们不仅身材矮小，而且由于长时间经受日晒雨淋，皮肤呈异常难看的暗棕色。更可怕的是，他们的头上和大部分皮肤上都长满了长而坚硬的毛发；他们手指纤细有力，和猴的爪子差不多；他们前额低陷，下颌凸出，和那些习惯用牙齿撕扯食物的野兽一般；他们浑身一丝不挂，如果不是偶尔看见火山爆发时喷出的岩浆和滚滚浓烟，他们压根不知道火是什么。

第一章　人类的历史承续

千万年来，人类始终都在一个无法解脱的旋涡中盘桓：

人是什么？

人究竟从何处来，要到何处去？

经过一代代人的不懈奋斗，人类一步步地从这个旋涡中抽离出来，这些问题的答案也越来越清晰。

但是，即使到了今天，人类迈出的步伐也是有限的，我们仍旧没有得到确切的答案。然而对于许多事情，我们最起码已经可以做出准确的推断。

亲爱的读者，我将要在这一章中，向你们诉说人类登上历史舞台的故事。假设对于生物可能存活在地球上的时间，我们用一条具有相应长度的直线来表示，那么，人类或在一定意义上和人的生命接近的动物，在这个美丽星球上存在的时间，就是这组线中长度最短的那条。

在地球这个大舞台上，最后登场的动物是人类，但最早掌握用脑力征服大自然技巧的动物，却也是人类。我们之所以要对人加以研究，而非选取同样拥有有趣历史的猫、狗、马等其他动物为研究对象，原因正在于此。

根据现在我们所掌握的资料，人类存在的这颗行星，最开始是一个巨大的、燃烧着的球体。但是，和宇宙的无边无际相比，它还不及一粒微尘。在数百万年时光的冲刷下，它的表面慢慢地燃烧殆尽，并生出了新的"肌肤"——一层厚度很薄的岩石。正是这层看起来毫无生命迹象的"肌肤"，在暴雨日积月累地冲刷下，蜕去了坚硬的花岗岩，那些裸露出来的泥土，被雨水推动着进入到高峻的峡谷，直到太阳赶走雨云，星球上被冲击出来的大量小水坑慢慢地演变为东西半球的宽阔海洋。

人类的故事

经过长时间的酝酿，奇迹出现了：在这个看起来没有半点生气的星球上，生命诞生了！

海洋孕育了第一批存活下来的细胞。这些细胞在海洋里随着波涛展开了一场延续数百万年的流浪。在这场旅行中，为了使自己能够在周围恶劣的环境中更好地生存，它们一步步地养成了自己的"脾气秉性"。其中一些细胞喜欢昏暗的、有着淤泥的湖泊或池塘底部，便从山顶"乘坐"雨水"快船"，来到水底安家，演变为植物；另一些细胞更喜欢到处漂流，便生出很多节状的四肢，在海底住了下来；还有一些细胞长出了鳞片，在水里欢快地游泳，直到最后演变成鱼类。

几乎在同一时间，植物数量的增加使得海底的空间变得有些拥挤，一部分的细胞只好搬迁到新的地方——沼泽地和山脚下的泥岸处，以便更好地生存。它们每天都能从潮汐中，呼吸故乡的气息。接下来，为了在地球表面上的稀薄空气中争取到生存下去的机会，它们必须学习适应不那么舒适的新家，直到掌握在空气中像在水中一样生存的本领。它们的身体慢慢成长起来，演变为灌木和树林，甚至还学会了开花的"绝技"，以吸引鸟儿和昆虫将自己的种子传播到更远的地方。就这样，陆地上长满了植物。

由于在海洋中生活变得艰难，部分鱼类从海洋中"搬迁"出来，慢慢掌握了用鳃和肺呼吸的本事，但同时也没有丢掉在水里生存的技能，最初的两栖动物由此出现了。

脱离了海洋的怀抱，这些动物不得不学会适应陆地生活，有些进化成爬行动物，比如蜥蜴，它们喜欢生活在森林里。慢慢地，它们的体型变大了，还长出了四肢，这样就可以更迅速地在松软的土地上行动。直到后来，这些三四十英尺（1英尺=0.3048米）高的巨型动物占据了整个世界，它们就是生物学所指的恐龙家族：斑龙、雷龙等。

有些爬行动物家族成员不甘于只看到陆地的风景，于是就把家搬到上百英尺高的树顶上。腿已经无法满足它们行动的需求了，为了更好地在树上生活，它们身体的两侧和脚趾间慢慢地生出了像降落伞一样的肉膜，并长出了漂亮的羽毛，尾巴也变成了"指南针"，这就是最初的鸟类。

最不可思议的事情，正是发生在此时，那些体型巨大的爬行动物，几乎一夜之间就集体灭绝了，谁也没有办法知道到底发生了什么：是因为气候的突变？还是因为体型过大无法自如行动，以致摄取不到足够的食物？无论真相如何，古爬行动物帝国在统治地球数百万年后，就此土崩瓦解了。

在这之后，不同种类的动物占据了地球，它们是古爬行动物的后代，但在性情与体质上，都迥异于自己的祖先。它们生长着乳房，并哺育后代，这就是现代科学所指的"哺乳动物"。它们没有鱼类的鳞片，也没有鸟儿的羽毛，浓密的毛发遍布它们的身体。相比于其他动物，哺乳动物后来养成的习性可以更好地延续种族：雌性动物的身体里会储存孕育后代的受精卵，直至新生命问世；在新生命没有能力应付各种天敌时，为它们提供庇护，同时教授它们生存的本领等。

对于哺乳动物，我不需要介绍过多，相信每个人都已经知道了非常多关于它们的故事。无论身处何时何地，我们都能看到它们的身影。

接下来，让我们迈向历史发展的分水岭：和其他动物相比，一种哺乳动物拥有更加出色的技能，可以找到更好的栖身之处和更多的食物，还具备了用前肢捕捉猎物的技能，并慢慢长出了像手一样的前爪，最后学会了用两条后腿直立行走的本领，要知道，这可并不容易办到，从每一个人出生后都要从头开始学直立行走就可以看出来。这种哺乳动物的外表介于猿和猴之间，但更加优美，这是地球上最杰出的、可以适应各种气候条件的猎手，它们选择群居的生活方式，以更好地互相保护。最初，它们发出奇怪的叫声来传达信息，经过几十万年的尝试后，它们掌握了用喉音交谈的技能——由此，人类从过去动物的世界里走了出来，学会用思想来改写种族的命运，这是多么不可思议的奇迹！

第二章　人类最初的模样

关于人类的真正模样，时至今日，人类依旧知之不多。

在远古那段历史长河中，并没有任何图画和照片流传下来。只有在古代土壤的最底层，我们不时发现一些他们的骨头碎片，无声地诉说着关于那段岁月、关于地球表面巨变的故事。那些将人类归入动物范畴的学者们，在获取了这些碎片后如获至珍，甚至倾注了毕生的心血来不懈钻研，就这样，人类始祖的模样一点点地变得清晰起来。

最初的人类，并不像现在的人类这样拥有漂亮的外形。作为哺乳动物的一种，他们面貌丑陋、能力低下，身高也远远不及现代人。由于长时间的风吹日晒，他们的皮肤变成了深棕色，全身大部分皮肤表面都生长着厚重的毛发。他们的前额十分低，下颌和那些食肉动物十分相似，而他们的手指呢，就像猴子的爪子一样坚韧有力。衣服是什么？他们根本不知道，所以常年赤裸着身体。火长什么样子？只有在火山咆哮着喷射出燃烧的岩浆和浓烟时，他们才能领略。

图 1

他们把家安在原始森林里阴暗潮湿的地方，就算时代发展到今天，非洲古老的俾格米部落还保留着这样的习惯。他们主要以植物的根茎、树叶等为食，偶尔也能捕获一些小动物，像老鼠啊、小野狗啊、松鼠啊之类的，来打打牙祭，或许是出于本能，他们也懂得从鸟窝里窃取鸟蛋来喂养还没有长齐牙齿的孩子们。最可怕的一点是，由于还不懂得用火，不管吃什么，他们都采用生吞活剥这种野蛮的方式。

有太阳的时候，原始人穿行在莽莽林海中，寻找能够填饱肚子的东西；当太阳下山，天空暗下来时，他们就会全家躲到比较隐蔽的地方：巨石后面、空树干中等。在他们的周围，凶猛危险的野兽不时出没，这些"夜行者"开始出动，为一家人寻找食物了，人肉是它们认为最美味的食物之一。

当夏日来临，人类在烈日下被暴晒；当冬天来到，刺骨的寒冷甚至会夺去弱小者的生命；他们在追捕野兽时所受的伤，也不会有人为他们医治，只好忍受着剧痛自生自灭。这个充满残酷厮杀的世界，就是人类早期过着充满恐惧和痛苦生活的地方。

慢慢地，早期的人类开始学着用某种特定的声音来传达特定的信息，以互相交流。后来，他们学会了用喉部发出声音，于是就有了早期的语言。

就像前文介绍的那样，我们并没有掌握很多关于这些起源的信息，但可以肯定的是，早期的人类是一种哺乳动物，生活在几百万年前的地球上，他们是和其他动物完全不同的。他们学会了把前爪当成手使用，用下肢直立行走，但是不懂得建造房屋，也不懂得制作工具。在他们有限的生命结束后，留给后人的仅仅是几片骨头碎片，再没有一点可以追寻他们踪迹的线索。

关于人类祖先，我们所知道的仅止于此，剩下的那些秘密还在黑暗中隐匿着，等待人们去探索、揭秘。

第三章　早期的人类

值得高兴的是，后来史前的人类学会根据需要制作工具了。

时间，对于早期的人类来说，并不是一个确切的概念。他们不知道日、月、年，更不懂得什么是悼亡日、纪念日、生日，在计算时间上，他们最直接的依据就是季节的变换：寒风刺骨的冬天之后，紧接着的是温暖宜人的春天；花儿开始长成青涩的小果子时，烈日炎炎的夏日就降临了；果子在枝头散发出成熟的甜味时，可以收割野麦穗的秋天就到来了；最后的秋风卷走树枝上的最后一片叶子，动物们就可以开始漫长的冬眠了。

毫无预兆地，一件关于气候的、非常恐怖的事情发生了：季节变得混乱，过去绿草如茵的山坡上，到处都覆盖着厚厚的积雪。直到有一天，山上冲下来一群骨瘦如柴的野人，他们和山脚下的居民并不完全相同，所以当地的居民听不懂他们的语言，只能凭他们的样子猜测他们是想讨要一些食物。然而，当地的食物仅仅够养活当地的居民，于是，一场食物争夺战打响了，人们展开了疯狂的肉搏，有的人在争斗中失去了生命。有的山区居民逃了回去，在暴风雪中等待死亡的来临；而那些森林居民也陷入了深深的恐惧：白昼越来越短，黑夜冷得像冰雪。

后来，大量绿色的小冰块出现在两座高山间的裂缝里，它们飞快地成长着，膨胀成了巨大的冰川，顺着山坡向下滑落，将大块大块的石头也带到了山谷里，携带着花岗岩、泥浆、冰块。巨大的响声，在森林中呼啸而过，森林大火随之而来，折断了许多百年老树，也夺去了许多人的生命，随后，整个世界被纷纷扬扬的大雪给包裹了。

大雪纷纷扬扬地持续了数个月，许多植物被冻死了，动物们纷纷在本能的牵引下，向较为温暖的南方逃亡。人类也拖家带口地跟着动物们一起，开始了漫长

图2

的逃难之旅。然而，与那些用四肢奔跑的动物相比，他们走路的速度显然太慢了，根本无法逃出酷寒的魔掌。为了生存下去，他们只好开动脑筋，想方设法来应对冰川纪给人类带来的致命威胁。

第一，为了抵御寒冷，避免被冻死，人们必须学会穿衣服。所以，他们想办法设下捕猎的陷阱：在挖出的大坑上铺上枝条和树叶，当长着厚厚皮毛的动物掉下去后，他们就用石块打死它们，把它们的毛皮割下来做成衣服。

第二，为了安全和进一步保暖，人们必须解决住房问题，这看起来简单得多。不少动物都喜欢住在阴暗的山洞里，既保暖又安全，人们抢占了它们温暖的巢穴，把那里变成了自己的家。

现在，新的问题出现了：就算有毛皮大衣可以穿、有御寒的山洞可以住，对于大部分人来说，这样恶劣的天气还是太冷了。不断有老者和弱者被大批冻死的事情发生，为了解决类似问题，一个聪明的人想出了用火御寒的办法。原本火是人类最凶险的敌人之一，但在冰天雪地中，火却成了人类最亲近的朋友。这个聪明人收集了一些干枯的树枝，从着火的树上取下燃烧着的枝条，引燃了这些枯枝，很快，他们的新家变得温暖舒适起来。

偶然的机会，人类闻到了死去的动物掉进火堆里被烤熟后，散发出的诱人味道，并在本能的驱使下，品尝了被烤熟的动物肉。哇！和生肉比起来，经过火烤的肉食实在太美味了！于是人类再也不像动物一样生吃食物了，而是学会了烤东西来吃。

终于，冰川纪结束了，幸存下来的人类都是最心灵手巧的。在和寒冷、饥饿

• 人类的故事

　　日夜不停地搏斗中，他们学会了根据需要制作各种各样的工具：用石头磨制石斧、打造石锤等。而且，为了应对漫长的寒冬，他们还学会了储存食物的方法，甚至想出了用黏土做碗和罐子的主意……就这样，人类从给自身带来灭顶之灾的冰川纪里受到了启发，学会了用智慧解决问题的方法。

第四章　埃及人的神秘书写术

人类用文字记载历史的序幕，是由埃及人的书写术拉开的。

欧洲的荒野，是人类祖先最早开始生活的地方，在那里，他们一步步地学会了很多新东西。能够肯定的是，他们终将在某一天，从野蛮人的生活方式中脱离出来，创造专属于自己种族的文明。事实正是如此，他们"暴露"了，再也不是与世隔绝的了。

一个来自非洲的旅行者，经过长期的跋山涉水，穿过海洋和高山，从南方神秘的埃及，来到了欧洲大陆的野蛮人身边。早在西方人开始使用文明物品如车轮、刀叉等的几千年前，一种更加高级的文明就已经出现了，这种文明发源于尼罗河畔的埃及。那么，让我们暂且和那些还处在穴居阶段的祖先告别，前往人类文明的第一个摇篮——地中海南岸和东岸，拜访一下那里的人们。

不得不说，人类掌握的许多技能，是从古埃及人那里传播而来的。他们不仅是精通农田灌溉技术的农夫，还是聪明绝顶的建筑师，更是精确计算时间的高手。直到今天，人们修建教堂时，还会以他们修建的神庙为蓝本；而今天使用的日历，也是从他们发明的日历沿用而来的。最值得称道的是，古埃及人创造了人类文明的承载者——文字！

阅读报纸、书籍、杂志，是现代人几乎每天都会做的事情。然而，阅读和书写并非远古人类天生的技能，而是最近才出现在人类历史上的创举。要是这项最重要的发明没有出现，人类无法把祖先的经验保存下来，传授给下一代，那么，人类和其他动物又有什么区别呢？

古罗马人于公元前1世纪抵达了埃及，在整个尼罗河河谷中，他们发现了一种奇怪的、似乎紧密关系着这个国家历史的小图案。然而，对这些"外国的"事

• 人类的故事

物,古罗马人半点兴趣也没有,因此并未深入研究这些描画在莎草纸上、雕刻在宫殿和神庙墙上的奇怪图案。遗憾的是,很多年前,埃及最后一个掌握这些神圣宗教艺术的祭师也离开了人世。这时候,还处于未独立状态的埃及,相当于承载了海量重要历史的巨型记录册,无人能够破译进入这本记录册的密码,而且由于其对人类或动物均不具备封存价值,因此也无人想到要解开其中的秘密。

1700多年过去了,埃及仍然保持着神秘的姿态。直到1789年,法国将军波拿巴率领部队从东非经过,试图进攻英属印度殖民地,然而在越过尼罗河之前,他就打了败仗。这次著名的远征,最大的成果可能就是无意间破译了这些古埃及图像文字。

事情是这样的:一位居住在罗塞塔河边城堡里的年轻法国军官,由于厌倦了那里的单调生活,想要到尼罗河三角洲的古废墟处散散心,看看是否能发现什么有趣的文物。凑巧的是,他发现了一块奇特的黑色玄武岩石板。这块石板上刻画着许多小图像,像埃及其他东西一样,但又和过去找到的那些物件并不相同:上面的碑文,竟然是用包括已经广为人知的希腊文在内的3种不同文字雕刻成的!他由此得出结论:如果将希腊文和这些埃及图像比对,那么,这些埃及图像的秘密将会很快大白于天下。

说起来容易,彻底解开这些秘密花费了20年的时间。1802年,法国教授商博良开始着手比较这些希腊文字与埃及文字。而他宣布成功破译石碑上十四个小图像的意思,已经是1823年的事情了。由于过度疲劳,商博良不久就离开了人世,值得庆幸的是,人们已经知道了埃及文字的主要法则。相比于密西西比河流域,我们现在之所以更加清晰地了解尼罗河流域的历史,完全依赖于这四千年的文字记录。

在历史发展的长河中,古埃及这些神秘的象形文字占据着至关重要的地位,改动后,其中的几个字还在现代字母表中继续发光发热。对于这个在五千年前已经为人类服务,第一次为后人存留前人口语的、充满智慧的文字体系,必要的了解怎能缺少呢?

其实,关于这些图像语言,你并非一无所知,在广泛流传于西方国家的那些印第安小故事中,对印第安人所用的这种奇怪的小图案,都会有一章专门的介绍。它们记录的信息,大多是捕获了多少野牛,或在某次围猎中,有多少猎手参加之类的。通常对这些信息加以理解并非难事。

然而，古埃及的象形文字并不是单纯意义上的图像语言。这一原始阶段，早就在尼罗河流域居民智慧地努力下，被跨越了。相对于图案本身，他们使用的小图像含义更广泛。让我们一起来了解一下吧。

想想看，你现在的身份是商博良教授，你的面前放着一堆莎草纸，上面密密麻麻地分布着象形文字。突然，你发现了一个男人握着一把锯的图案，于是你以为这个图案的含义是：这个人正准备去伐木。而当你在另外一张描述一位82岁的皇后去世场景的纸上，又看到相同的图案时，你会想：年龄如此大的皇后，怎么可能会去伐木呢？这个图像代表的含义一定另有解释，但究竟该如何阐述？

法国人商博良对世人的贡献正在于此，他在研究中发现，最早开始用"语音文字"的，就是古埃及人。口语单词的声音在这种文字中得到了展示，在简单的书面笔画中，蕴含着丰富的口头语言信息。而那个男人持锯的图案中的单词saw，既代表着锯这种工具，又是"看"（see）的过去时态。

在古埃及，这个单词的意义经历了"锯"（图案中一种特定的工具）到动词过去时，再到仅仅代表"S"这个单独字母的转变。不妨借助下面这个例子来更好地理解：图案中有着正在说话的人，即"我"及人的眼睛、可以用来看世界的东西这两种含义。图案的含义也有两种：其一，to be，动词"是"；其二，蜜蜂，采蜜的昆虫。后来，它逐渐演变成了动词的前缀，是这个句子后面的图案，具有 lieve（存在）、leave（离开）、leaf（树叶）等含义。在古代埃及的图像语言中，这是留存至今的一种，后来基于这种古老的图像语言，出现了象形文字。就这样，在这些读音的帮助下，你能够很轻松地把用象形文字写的话翻译成现在的语言。

古埃及人在这种象形文字体系形成后，花费了几千年的心血对其加以改进，直到用这些文字可以完全记录所有的事物：国家悠久的历史、商业账目、想对朋友说的话等。

第五章　人类文明的重要发祥地——尼罗河

在人类的文明史上，一个非常重要的发源地，就是尼罗河两岸。

纵观整个人类历史，人类的每次迁徙都和食物有关，这部史书详细记录了人类躲避饥荒、寻找有更多食物的地方的历程。

在很久以前，尼罗河河谷就已经声名远扬了，受那里肥沃农田的吸引，许许多多的人向埃及聚集。就这样，一个新的种族——"雷米"形成了，能够拥有这片狭长的河谷地带的他们，对命运之神的恩赐万分感激。每年的夏季，尼罗河汹涌的河水都会给两岸的土地带来厚厚的沃土层，使那里的农田和牧场变得更加肥沃。

可以说，尼罗河是埃及仁慈的救世主，它给人类历史上首批大城市居民营造了足够好的生活环境，然而，也不是全部农田都坐落在河谷好的地段。为了解决这一问题，聪明的人们建造了一个实用的提水系统，将大量拥有相同长度的吊桶和小运河组合起来，把河面的水引到堤岸最高的地方，通过一个四通八达的灌溉沟渠网，将水引到各处的耕地里。

为了找到更多食物供家人和部落成员食用，一般来说，以前人们每天要工作16小时。然而，居住在埃及的人要轻松得多，他们甚至有空闲时间来发明没有任何实用价值，而仅仅用来装饰的物品。除此之外，在日常生活的衣食住行之外，他们开始思考许多看似毫无意义的事情：为什么天上会有星星、月亮？为什么尼罗河的水会潮起潮落？为什么人类会被疾病和死亡困扰？人是从哪里来的，又要到哪里去？

既然已经提出了问题，他们就开始想方设法地去揭晓这些问题的答案。而最具智慧的、最先能解答问题的人，就是古埃及人口中的"祭司"，他们拥有渊博的学识，承担着用文字记录历史、守护思想的神圣职责；他们早就明白不能只注重眼前利益的道理，他们引导人们思考来世，在那里，奥赛西斯（掌管生死大权的神）将评判一个人前世的作为，来裁断他未来的归属。祭司深受普通民众的尊重和爱戴，但他们确实对来世的生活着墨过多，以致古埃及人过分注重来世，而忽视了今生，原本富饶而生机盎然的尼罗河河谷也因此变成了死者的专属国度。

令人十分难以理解的是，古埃及人开始相信如果脱离今生的躯壳，他的灵魂将无法登上奥赛西斯的乐园。所以，在人死后，亲属们就会马上将香料和药物涂在遗体上，进行防腐处理，随后将其放入盛满氧化钠溶液的容器中浸泡一定的时间，然后取出内脏并以树脂填充。由于"树脂"的波斯文是Mumiai，读音为"木米乃"，因此人们将这种处理过的尸体叫作Mummy，也就是今天我们熟知的"木乃伊"。在将死者送到最后的安居所之前，人们会将木乃伊用特制的亚麻布严密地包裹好，放入特制的棺材里。但是，与其说埃及人这最后的安居所是坟墓，倒不如说是家，里面有理发师、面包师、厨师等人的雕像，还有许多家具和乐器，这样一来，墓室的主人就能够像生前一样，过着衣食无忧、体体面面的生活了。

起初，西部山脉的岩石，是人们安置这些坟墓的地方。由于埃及人不断北徙，沙漠成了他们安葬死者的地方。但美中不足的是，沙漠中到处出没着盗墓贼，他们经常会潜入墓室偷盗值钱的随葬品。为此，古埃及人想出了在坟墓上修石冢的办法。随着富人间攀比风气的出现，石冢逐渐加大加高，直到最后，希腊人尊称的奇阿普斯王——公元前30世纪的埃及国王法老胡夫，拥有了最高的石冢——高达500多英尺，就是希腊人所谓的"金字塔"。

胡夫金字塔由法老胡夫的建筑师与工程师们共同打造，拥有13英亩（1英亩=4046.86米^2）的占地面积，相当于2倍圣彼得教堂——基督教最大的建筑。为了完成这件出色的作品，数十万奴隶在二十几年的时间里，不分昼夜地将巨大的石块从尼罗河对岸搬运到广袤沙漠的另一端，安置在合适的地方，即便已经经历过数千年风雨，那条通向法老陵墓中心的狭长过道，依然保持着当初的形态——即使到现在，也没人清楚这项浩大的工程究竟是如何完成的。

第六章 埃及发展史

在本章中，让我们一起了解埃及的发展史。

对于在其两岸生活的人类来说，尼罗河同时充当着好朋友和严厉监工的角色，它给他们上了"协作劳动"这门课。因此，人们不仅学会了怎样和别人和睦共处，还学会了团结共赢的理念，并基于此而共同构筑更加美好的生活环境。而埃及之所以能够成为一个有组织的国家，在很大程度上也得益于此。

但是，在这种祥和的氛围中，出现了一位非常厉害的人物，他有着日益强大的权力和威望，这是他的任何一位邻居都不能相比的。于是，他被推举为当地的领导者，在那些心怀不轨的西亚邻居侵犯这块土地时，他肩负起军事领袖的重任，领导当地居民抵御外敌。就这样，他最终成为西部山脉和地中海沿岸的统治者，也就是国王。

当然，在那些农民看来，住在大宫殿里的贵人——古埃及法老的政治冒险活动，对他们的生活并没有明显的影响。只要赋税和劳役在他们的承受范围之内，他们对法老的统治并无异议，也会像尊敬奥赛西斯那样敬爱他。

图 3

然而，闯入的外族人并不会如此善待他们，在独立了2000年后，埃及遭到了阿拉伯游牧部落喜克索的入侵，而且这种侵占持续了500年的时间，闯入者横征暴敛，使当地人民陷入了极其悲惨的境况。在此期间，之前那些穿过广袤沙漠抵达埃及歌珊地定居的希伯来人，也就是犹太人的祖先，不仅没有对丧失了独立权的埃及人施以援手，反而还为外来入侵者提供服务，做他们的税吏和官员，这在某种程度上，加剧了埃及人的苦难。

底比斯人民于公元前1700年左右发动了起义，在长时间的对抗后，埃及人民取得了胜利，赶走了喜克索人，重新夺回了独立权。但是，在亚述人征服了整个西亚的1000年后，埃及再次沦陷，被划入了沙达纳帕路斯帝国的疆土。它重新回归独立国家的行列，是在公元前7世纪，不过好景不长，公元前525年，波斯国王冈比西成为埃及的统治者。这种局面一直持续到公元前4世纪，波斯被亚历山大征服，埃及沦为马其顿诸多行省之一。后来，亚历山大死去，他麾下的一名将军成为新埃及之王，建都亚历山大城，托勒密王朝由此兴起，在名义上，埃及总算重新获得了独立。

举世闻名的艳后克娄巴特拉，是埃及的最后一代君主，在罗马人于公元前39年侵略埃及时，她不惜一切地拯救这个国家。美色是她维持自己统治的最有力武器，先后拜倒在她石榴裙下的，不仅有罗马的将军们，更有大名鼎鼎的恺撒大帝和安东尼大将军。然而，当恺撒的侄子兼继承人——奥古斯都大帝于公元前30年在亚历山大城登陆埃及时，这位女王的美貌似乎没有帮到忙，埃及的军队被毫不留情地全部歼灭了。战胜者想将克娄巴特拉女王当作战利品，在罗马城供市民观赏。克娄巴特拉得知后，受不了屈辱，便服毒自尽了，埃及就此沦为罗马的一个省。

第七章　东方文明第二个中心
——美索不达米亚平原

在东方文明中，第二个中心就是美索不达米亚平原。

在这一章里，让我们一起来到巍峨壮观的金字塔之顶，向遥远的东方眺望。让我们的目光从无边无际的沙漠黄沙上穿过，直到看到那片闪闪发光的绿色国土，那里是希腊人眼中的仙境，"两河之间的国度"——美索不达米亚。这是一个坐落在底格里斯河和幼发拉底河之间的美丽河谷，也是《旧约全书》中的"乐土"。

底格里斯河和幼发拉底河的源头在常年积雪的亚美尼亚群山中——在逃难途中，挪亚曾在那里停留。从南部平原缓缓地流过后，它们来到了波斯湾的海岸。西亚干旱的沙漠地区，因为它们的"神力"变成了富饶的大花园，两岸的人民也因为它们过上了富足的生活。

对于无数的人来说，盛产食物，是尼罗河谷最具吸引力的地方。同样，这片"两河之间的国土"也受到了人们的喜爱。这片土地充满了希望，曾一度，那些长期在南部荒漠游荡的部落和那些北部高山的居民都想独占它，利用它得天独厚的地理优势，来防御外敌的侵犯。双方的争夺，是连年战争的根源，最后只有最强悍、最聪明的人得以存活下来。美索不达米亚之所以发展为一个非常强壮的种族，创造出在任何领域都能媲美古埃及的伟大文明，一个重要的原因正在于此。

第八章　楔形文字所暗藏的秘密

关于亚述和巴比伦——闪米特人的世界，我们可以从苏美尔人创造的楔形文字中窥见一斑。

在地理上，有一个大发现时代，那就是15世纪。哥伦布探险的本意，是发现一条水路，可以直达东印度群岛，也就是香料群岛，但是出乎意料地，他发现了美洲新大陆。奥地利的一位主教筹建了一支装备精良的探险队，向东方进发，试图寻找莫斯科大公的家园，可惜失败了。一代人之后，西方人第一次登陆了莫斯科。几乎同一时间，威尼斯人巴贝罗对西亚的古迹进行了考察，取得了一份涉及一种神秘文字的报告。这种神秘的文字出现在无数烘干了的泥板和伊朗谢拉兹地区不少寺庙的石壁上。不过，当时欧洲人的目光被其他事情吸引着。等到第一批"楔形文字"（名称由来：这种文字的字母看起来像楔子）泥板和世人见面时，已经是18世纪末的事情了，将它带回欧洲的是丹麦勘测员尼布尔。经过30年的潜心研究，德国教师格罗特芬德将排在前面的字母破译了出来：D，A，R，SH，十分凑巧的是，这些字母组合起来，刚好是波斯国王大流士的名字。20年后，英国官员罗林森发现了雕刻在举世闻名的贝希斯顿岩壁上的象形文字，人类才得以向这种神秘的西亚文字所记载的秘密更近了一步。

相较于这些楔形文字的破译难度，商博良破译象形文字的工作显得容易多了，起码古埃及人只是刻画了一些不那么复杂的图像。但是，作为美索不达米亚最早居民的苏美尔人，将象形文字给抛弃了，取而代之的是在泥板上刻字，后来慢慢演变为一种完全不同的V形文字。但是，不可否认的是，这种文字和象形文字有着千丝万缕的联系。

从表面上看，这种文字系统并非那么简单，然而在长达3000多年的时间里，

• 人类的故事

任何曾统治过两河间土地的种族，包括巴比伦人、波斯人、亚述人、苏美尔人，都使用过这种文字。

永无止境的征战与杀戮，是美索不达米亚故事的主基调。最开始的时候，居住在北部山区里、习惯在山顶祭神的白种人，也就是苏美尔人，来到了这里。他们在平原上建造人工山丘，并在上面修建祭坛，由于不懂得怎样建造楼梯，他们只好绕着高塔修建了倾斜的长廊——直到今天，这个美妙的创意还在和苏美尔人的其他创意一起，为现代工程师所借用，用在各种建筑的设计上。在被两河流域的其他占领者同化后，除了他们过去修建而今仍旧存在于美索不达米亚废墟中的那些高塔，苏美尔人的踪迹就十分微妙了——这些高大的建筑，被流浪到巴比伦的犹太人称为"通天之塔"，也就是"巴别塔"。

苏美尔人来到美索不达米亚，是公元前40世纪时的事情，随后，阿卡德人征服了他们。阿卡德人是阿拉伯沙漠中诸多使用相同方言的部落——"闪米特人"（之所以被称为"闪米特人"，是因为在他们看来，自己是挪亚的儿子"闪"的直系后人）中的一支。1000年后，另一个闪米特沙漠部落阿莫赖特人征服了阿卡德人，这个部落的国王汉穆拉比在国家中推行了《汉穆拉比法典》这一法典，并在巴比伦建造了一座气势雄伟的宫殿，巴比伦由此被称为古代拥有最健全管理制度的帝国。

关于赫梯人掠夺河谷的故事，在《旧约全书》中曾有提及，这些人将所有无法带走的东西都摧毁了，然而，很快赫梯人，被自称为亚述人且信仰沙漠之神阿舒尔的部落征服了。亚述人的统治以首都尼尼微为中心，涵盖整个西亚与埃及，这个恐怖的帝国将繁重的赋税强行加给处于其统治下的所有种族。公元前7世纪，同样是闪米特部族的迦勒底人，对巴比伦进行了重建，将其发展为当时国际上最重要的首都。尼布甲尼撒是最著名的迦勒底人国王，他对科学研究非常支持，基于迦勒底人发现的基本原理，形成了今天的天文学和数学。

迦勒底人的统治在公元前538年，被一支野蛮的波斯游牧部落所颠覆，而亚历山大又在200年后征服了这些波斯人，将这块古老神圣的土地变成马其顿行省中的一个，直到后来，土耳其人的先祖罗马人来到了这里。遗憾的是，除了那些无言地诉说着关于光辉和衰落故事的巨大土丘，世界文明的第二中心——美索不达米亚最终只剩下了一片荒原。

第九章 犹太民族的杰出领袖——摩西

在本章中,让我们一起走近摩西——犹太民族杰出的领袖。

在闪米特游牧部落中,有一个力量并不那么强大、地位也不是十分重要的部落,他们于公元前 2000 年的某一天,踏上了流浪的旅程。他们从坐落在幼发拉底河河口的旧家园——乌尔出发,试图在巴比伦国的疆土中得到一块新牧场,但是遭到了士兵们的驱赶,于是他们不得不继续寻找新家园的旅程。他们,就是后来的犹太人,当时的希伯来人,在长期艰辛的旅程后,最终在埃及找到了新家园——一小片土地。在那里,他们和当地居民和睦共存了 500 多年,直到喜克索人征服了这个接受他们的国家。但不堪的是,他们为了保住新家园而站到了外国侵略者的一边,也因此成为埃及人民痛恨的对象。后来,埃及人通过艰苦的独立战争,将喜克索人从尼罗河河谷驱逐了出去,随之而来的,是犹太人悲惨的命运,他们再也不能像当初那样受到礼遇了,而只能做着奴隶的工作。当他们想逃出埃及的时候,边境上严密的守卫令他们毫无机会。犹太人最终逃离苦海,是在许多年之后,在一个名为摩西的年轻人的带领下。过去,摩西生活在严格保留了祖先传统的沙漠里,那里的人们一点也没有沾染上外国文明中的恶习,这使得摩西对祖先们十分敬仰,为此,他希望通过自己的努力,重新帮助族人找回对这些质朴美德的热爱。

在摩西的带领下,犹太人顺利地逃出了埃及人的追捕,迁徙到西奈山下的平原。摩西对闪电和风暴的"神力"充满了崇拜,而主宰这一切的神祇耶和华,是牧人的性命及基本生存所需的赐予者,在西亚地区受到人们的普遍尊崇。摩西向自己的族人讲述了耶和华的故事,使他成为希伯来民族仅有的主宰。

突然有一天,摩西背着两块粗石版离开了自己的族人,同一天的下午,出现

● 人类的故事

了暴雨雷鸣的天象，西奈山的山顶也被厚重的乌云所遮蔽。当摩西再次出现在族人面前时，两块粗石版上密密麻麻地写着耶和华对犹太人的旨意。从此以后，犹太人将耶和华敬奉为唯一的真神、命运的最高主宰，在他的指引下，犹太人根据十诫的内容，过着超凡脱俗的生活。

随后，犹太人跟随摩西向沙漠的另一端穿行，在摩西的领导下，他们知道了哪些东西能吃、能喝，在炎热的天气里，怎样拥有健康的身体。数年后，犹太人来到了"皮利斯塔人的国度"——美丽富饶的巴勒斯坦。作为克里特人的一支，皮利斯塔人被从海岛驱逐而出后，在西亚海岸安家落户，不过当时闪米特部族的迦南人已经占据了巴勒斯坦内陆，但是犹太人并没有因此放弃，他们用自己勤劳的双手，构建了众多城市。他们甚至专为敬奉耶和华而修筑了一座壮观的庙宇，并将庙宇所在的城市称作"和平之乡"——"耶路撒冷"。

此时的摩西终于可以卸下肩头的重担，对着远方巴勒斯坦的群山，永远地合上了双眼。始终辛勤劳作、诚心敬奉耶和华的他，作为犹太人的领袖带着族人从外国的奴役中脱离出来，构建了属于自己民族的家园，甚至还使犹太人成为史上首个仅敬奉一位神祇的民族！

第十章　现代字母的原型——腓尼基人的文字

现代的字母，就是腓尼基人为人类创造的。

和邻居犹太人一样，腓尼基人也是闪米特部族的一员，他们在很久之前就已经定居在地中海海岸了，是提尔、西顿这两个坚固而安全的城市的建造者，而且很快对西方海域的全部贸易进行了垄断。在某个固定的时间，他们的船只会驶往一些别的地方，像西班牙、意大利、希腊等，为了采购锡而穿越直布罗陀海峡到锡利群岛，是他们旅行中最危险的一次。他们会在所到之处建立固定的贸易站点，许多现代城市，如马赛和加的斯，都是在这些腓尼基人"殖民地"的基础上建立起来的。

但凡可以获取利润的生意，腓尼基人都会去做，即使这桩生意会违背道德。关于这一点，他们的邻居做了很好的见证：腓尼基人是一群既不正直也不诚实的人。在他们看来，任何正经公民的最高理想都应该是拥有满满的钱箱。当然，几乎没有人欢迎他们，更别提和他们做朋友了，然而，对于后人来说，他们留下的遗产确实宝贵而富有价值，那就是字母。

苏美尔人创造的楔形文字，是腓尼基人非常熟悉的。然而，作为一群非常讲究实效的商人，他们并不愿意在书写这些复杂的文字上花费过多时间。于是，他们花了很大的心思，简化了楔形文字，并引入一些埃及象形文字，创造出一种新文字体系，和楔形文字比起来，这种文字体系简便多了。最后，为了更进一步提高书写的速度，腓尼基人用22个短小简单的字母，代替了数千个不同的文字。

这22个字母后来流传到了希腊，以此为基础，希腊人又加入了自己创造的几个字母，形成了新的字母系统。这套字母系统流传到意大利后，被罗马人进行了再次改进，并传授给西欧的野蛮部落，一直使用到今天。

第十一章　异军突起的印欧种族

埃及人和闪米特人，后来被使用印欧语的波斯人给打败了。

在世界上，生活在河谷地带的腓尼基人、亚述人、巴比伦人、古埃及人等存在的时间为3000年左右，随着时间的推移，这些古老的民族渐渐失去了当初的活力，并且随着新兴民族——"印欧种族"的兴起而逐渐被颠覆。"印欧种族"的名称，来源于他们既成为印度的最高统治者，又成为整个欧洲的征服者。

和闪米特人一样，这些印欧人也是白种人，不过他们使用的语言是迥异的，它是除了西班牙北部的巴斯克方言、芬兰语、匈牙利语之外，全部欧洲语言的共同起源。在被人发现之前，印欧人在里海沿岸生活了很多个世纪，可是突然他们就离开居住地去寻找新的家园，去往新的地方。其中的一些人抵达了伊朗高地上，在那里安家落户，生活了数百年，人们之所以将印欧人叫作雅利安人，原因正在于此。而另外一些人则以日落的方向为目标，向西行进，直至将整个欧洲平原占为己有。

在杰出首领查拉图斯特拉的带领下，部分雅利安人从山峰间的家园出发，顺着印度河不断前行，最后到达了海边。而那些更喜欢在西亚的群山里生活的雅利安人，则成为波斯人和米堤亚人半独立社会的建造者。米堤亚人于公元前7世纪拥有了专属的米堤亚王国，然而不幸的是，在安申部落的首领居鲁士出任波斯部族的国王时，这个王国被占领了。此后，居鲁士不断地东征西战，直到将整个西亚及埃及收入囊中。

凭借着旺盛的精力，这些印欧种族的波斯人不断地西征，攻城略地，战无不胜。很快，他们和另一支印欧部族产生了摩擦，这支部族早在几百年前就来到了欧洲，统治着爱琴海岛屿和希腊半岛。双方的冲突成为希腊与波斯间三次著名战争的导火索，为了在欧洲大陆上建立一个根据地，波斯国王大流士与薛西斯相继向半岛北部发起了多次战争，想要征服希腊人的领地，但是，他们并没有成功。在雅典强大海军的攻击下，波斯军队的供养线无法保证，只好一次又一次地无功而返。亚洲与欧洲的交手，就这样世世代代地继续着。

第十二章 亚洲文明的"中转站"
——爱琴海文明

野蛮的欧洲之所以能接触到亚洲的古老文明，全是爱琴海人的功劳。海因里希·谢尔曼的父亲，梅克伦堡村的一个贫穷的乡村牧师，在他幼年时期给他讲了特洛伊的故事。受这些故事的吸引，谢尔曼决定以"寻找特洛伊"为自己的毕生梦想，为了实现这个理想，他利用很短的时间积攒了一笔足够装备一支探险队的钱，并迈出了寻梦的步伐，向小亚细亚的西北海岸——他心目中的特洛伊城旧址出发。

传说普里阿摩斯王的特洛伊城，埋藏在一个位于小亚细亚某地的高丘下，在激情的引领下，谢尔曼很快就开始了挖掘工作，并取得了飞速的进展。但由于考古知识不足，这使得他和自己想去的地方背道而驰。他挖的壕沟从特洛伊城的中心穿过，直接通达另一座深埋在地下的城市废墟——相比于《荷马史诗》中的特洛伊城，这座城的年龄起码要大一千岁，假设在那里，谢尔曼的所有发现只是一些简单的石器和陶器，倒也不至于令人如此惊讶，毕竟这些器物很容易和希腊人的史前祖先联系起来。可是，他发现了大量做工精细的小雕像、珠宝，以及不是来自希腊的花瓶。谢尔曼由这些线索推断：在特洛伊战争前一千年的时间里，爱琴海沿岸生活过一个神秘的种族。和那些希腊野蛮部落相比，在不少领域里，他们的文化都有着明显的优越性。

事实证明，谢尔曼的推测是正确的。他于19世纪70年代后期对迈锡尼的废墟进行了考察，并发现这个废墟拥有着悠久的历史，以及令人惊叹的宝藏。谢尔曼在一个围成圆形的围墙的石板底下找到了一个巨大的藏宝库，这个藏宝库曾经属于那个生活在特洛伊战争前一千年的神秘种族。在希腊海岸，他们建造了许多拥有高大坚固城墙的城市，这些城市被古希腊人叫作泰坦（古代希腊像天神般伟岸的巨人）的作品。

　　在坚持不懈的努力下，考古学家终于找到了这些遗迹中埋藏的答案，城堡的主人们并非魔法师，而是一些曾居住在克里特岛和爱琴海中小岛上的普通水手和商人。在他们心血的浇灌下，爱琴海发展成了一个十分重要的商业中心，是欧洲和亚洲间商品和物资交易的集散地。这个海岛帝国存在了上千年，拥有高度发达的文明，其中，位于克里特岛北部海岸的克诺索斯，是当时最重要的城市，那里的发达程度已经接近现代化水平。同时，克诺索斯人是首先在日常生活中使用浴缸的。而克里特国王的宫殿拥有富丽堂皇的宴会厅，宫殿下面修筑着面积很大的地窖，用来储存葡萄酒和橄榄油。

　　根据这一切，人们编写了有关克里特"迷宫"的故事，但是，是什么造成了这个伟大岛国的消失？至今还没人找到答案。虽然克里特人十分善于书写，但他们留下的碑文仍旧是个谜团，所以，人们无从得知他们的由来，也无从推测他们的去向，只有那些存留在遗迹中的蛛丝马迹，告诉人们是古希腊人攻陷了爱琴海人的帝国。

第十三章　欧洲历史正式拉开帷幕

希腊半岛后来被赫愣人这一印欧种族所占据。

金字塔出现的一千年之前,有一个原本生活在多瑙河河畔的印欧种族小游牧部落,也就是希腊人的祖先——赫愣人,他们向南出发寻找新的安居地,此时巴比伦王汉穆拉比早已离开人世数百年了。神话传说中记载,在很久以前,宙斯——奥林匹斯山众神之王,因为人类变得过分邪恶而非常生气,发动洪水毁灭了整个人类的世界,只有狄优克里安和妻子皮拉得幸存了下来,他们的儿子就是赫愣。

对于这些早期的赫愣人,人们并没有过多的了解。作为一名出色的历史学家,修昔底德以记录了雅典的衰落而闻名,对于自己的这些先祖,他曾用不屑一顾的语气进行过评价,事实上,这些评价都是实话。赫愣是一个粗暴残忍的种族,他们的生活方式和牲畜无异,对待敌人更是凶残无比,甚至会让牧羊犬撕扯他们的尸体。对于其他民族,他们更是毫不尊重,甚至对皮拉斯基人——希腊半岛的土著展开了大肆杀戮,将那里的妇女、孩童卖为奴隶,将那里的农田和牲畜据为己有。亚细亚人曾为他们担任过前锋,帮助他们进入伯罗奔尼撒和塞萨利的山区,为了这一点,赫愣人曾写出了许多表示赞美的歌曲。

虽然赫愣人很想占据爱琴海人那些位于高山顶上的城堡,但他们没有下手的勇气,那里的士兵有着精良的装备,这是赫愣人粗陋的石斧所不能相比的。在几百年的时间里,他们到处征伐,直至占领所有的土地,然后他们停了下来,过起了农民的生活。举世闻名的希腊文明,就是从这里开始的。

这些早期的希腊农民,把家安在爱琴海人的殖民地上,对于那些居住在蒂林斯和迈锡尼雄伟建筑后面的爱琴海人,他们充满了好奇,并最终前去进行了拜访,还学到了不少有用的东西。由于这些学生十分聪明,他们很快就掌握了操控爱琴海人从底比斯和巴比伦购回的那些武器及航海的技巧，并学以致用，开始了自己的航海之旅。

学成之后，这些学生将那些再也没有利用价值的老师赶回了爱琴海岛屿。随后，他们征服了爱琴海上的所有城市，并于公元前 7 世纪攻陷了克诺索斯人。在 10 个世纪后，赫楞人掌控了全部希腊、爱琴海、小亚细亚沿岸地区，还在公元前 11 世纪征服了特洛伊，由此开启了欧洲的历史。

第十四章　古希腊的城邦制

事实上，古希腊的城市是以独立国家的形态存在的。

毋庸置疑，"大"是现代人偏爱的字眼，当某个国家在某个领域，比如说，马铃薯产量、人口、军队规模，可以称得上"最大"时，这个国家往往会充满自豪感。而从个人来看呢，几乎每个人都喜欢生活在"大城市"，甚至连死后都希望葬在"最大的公墓"中。

假设这种论调被古希腊的公民听到，他们一定会难以理解，因为在他们的生活里，最大的准则就是"万事都有度"，对于那些纯粹在数量和体积上"大"的事物，他们根本提不起兴趣。同时，对于适度与节制，他们并非说说而已，而是将其作为文明的一个组成部分，贯穿于整个人生的日常生活中。无论从那些小巧精美的古希腊人神庙中，还是从古希腊人的衣着打扮上，或是在剧场中上演的剧作里，都能看到这个准则的存在。

对于那些受人尊敬的政治家和运动员，古希腊人希望他们拥有高度的平衡感与适度感，关于这一点，有一个很有趣的小故事：曾经有一位出色的长跑运动员，对斯巴达的民众宣称，如果比单脚站立，任何古希腊人都不能坚持他那么长时间。人们非常不屑地把他赶走了，原因在于，就算一只最普通的家禽都可以轻松地将他打败。

也许在一般人看来，拥有适度与完美是每个人都应该具备的德行。然而，真正具备这种优秀素质的民族，仅有古希腊一个。原因何在？为了解答这个问题，让我们一起了解一下他们的生活状态。

对于美索不达米亚或古埃及的人们来说，他们只是"臣民"，被最高统治者统治着。这位在宫廷里统治着庞大帝国的统治者是神秘的、高高在上的，甚至直到离开人世，他都不一定和自己的臣民见过面。与之完全不同的是，古希腊没有最高统治者，人们都是"自由公民"，散布在数百个小型"城邦"中，而就算是最大的那个城邦，人口也是相当少的。假设某个在乌尔生活的人，声称自己是巴比伦人，其实意味着他是数百万名给国王纳税的臣民中的一个。然而，一个古希腊人说自己是"底比斯人"或"雅典人"，那么，他所提及的只是那个国家众多小城镇中的一个，也就是他的家园。

对于所有古希腊人来说，祖国不仅是生养他们的地方，还是承载他们前人历史的地方。对于身边的每个人，他们都非常熟悉，而且，在祖国坚强有力的臂弯中，他们和妻子儿女过着轻松无忧的日子。现在，你知道了吧？在这种环境背景下，一个人的行为和思想显然会受到影响。和巴比伦人、亚述人、埃及人不同的是，古希腊人和所生活的小镇融为一体，他们自幼便受到关于适度与节制的教育，可以感受到邻居们对自己的关注，不管做什么事情，他们都会以祖国所有公民的评判为准绳，并因此而力求尽善尽美。

在各个领域，古希腊人都取得了突出的成绩，他们构建了新型的政治体制、文学样式及艺术理念，即使是现代人，也不可能超越他们的这些功绩。尤其令人叹为观止的是，这些奇迹全部都发生在四五个现代街区的范围内。

马其顿的亚历山大大帝在公元前4世纪成为世界的征服者，他掌控整个世界后，决心向全人类传播希腊精神，于是，他在这个新建的辽阔帝国里竭尽全力地推崇这些精神文明。但不幸的是，在离开那片熟悉的土地后，古希腊人的激情和平衡感骤然消失了，他们再也没有办法创作出伟大作品了，而只能沦落为廉价的工匠。

古老的希腊精神文明，随着古希腊小城邦的消失和一个伟大帝国的崛起而彻彻底底退出了历史的舞台。

第十五章　古希腊城邦的"共产主义"

最开始的时候，古希腊人采取的是平均制度，所有人都住在泥巴糊成的小屋里，拥有一样多的牲口。他们平时都遵循自己的心意生活，如果发生了需要公众决策的大事，他们就会在市场上集合讨论。会议的主席——人们共同推选出来的一位德高望重的老人，要确保所有人都能平等地发言。如果有战事发生，人们就会推选出一位力量强大、骁勇善战的军事领袖来掌握军事指挥权，在危机解除后，人们可以免去他的职务。

小村庄渐渐地变大了，变成了一座大城市，城市里的人有的继续辛勤工作，有的却游手好闲，还有些走上了坑蒙拐骗的道路……慢慢地，城市居民贫富均等的生活状态被打破了，小部分人变成了富人，大部分人变成了穷人。这座城市还有一个巨变，那就是公众将那些引领人们赢得战争的人物推选为"国王""首脑"，这样一来，拥有大量土地和财产的贵族就取代了旧式的军事统帅，成为高高在上的富人阶级。

和诸多普通公民相比，这些贵族享受着众多特权，他们住在有士兵守卫的精美大宅中，不仅拥有足够的空闲操练搏击术，还能到地中海东部的贸易中心购买先进的兵器。为了争夺城市的统治权，他们长期争斗，直至获胜者登上王位，拥有至高无上的地位——这种情境不断地循环上演。

一般来说，人们将这种国王叫作"暴君"，而这样的暴君存在于公元前7世纪到公元前6世纪间的大部分希腊城邦。另外，大部分暴君都拥有出色的能力。后来，这种统治制度受到了人民的广泛反对，出现了大量的革新尝试，正是在这些革新的尝试中，衍生了世界上最早的民主制度。

为了使公民获得发言权——亚细亚人的先祖早已拥有的权利，使他们能在政府管理上有话语权，雅典人于公元前7世纪初展开了废除暴主制度的活动。为实现这一目标，他们请德拉古制定了一部专门保障穷人免遭富人侵害的法律。可惜律师出身的德拉古无法体会平民的生活状态，在他看来，但凡是罪行都要被惩罚，如果推行这部法典，那么，即使仅偷盗了一个苹果，也应被处以死刑，这样一来人们可能找不到足够多的绳子来对犯人执行绞刑。因此，德拉古投注了大量心血的法典，并没有得到雅典人的拥护。

但雅典人并未放弃这一念头，他们又请生于贵族家庭的梭伦来完成这项工作。梭伦曾经游历过许多国家，并对它们的政治制度进行过考察，以这些经历为基础，他为雅典人制定了一部能够对希腊人"适度"原则进行完美体现的法典。这部新法典不仅尽可能提高了农民的生活质量，还保证了富人的利益——要知道，掌握着大量兵源的富人可是城市的守护神。由于贵族阶级担任着法官的职责，为了避免出现法官滥用权力危害穷人阶级利益的情况，梭伦特地拟定了这样的条款：如果市民利益受损，可以向由30位雅典公民组成的陪审团进行申诉。

尤其值得一提的是，借助法律的形式，梭伦让所有平民都能参与城市事务，并对所有公民应尽的义务和应有的权利进行了明文规定，这样一来，所有的雅典人都必须为城市的繁荣和发展做出相应的贡献。当然，这种法律制度有其不足：公民自治的政府效率不够高，甚至会有脱离实际的嫌疑，公民间的利益争斗也非常严重。但最值得肯定的一点是，它教会了古希腊人独立自主，依靠团结的力量赢得自由。

第十六章　古希腊人的生活态度

在本章中，让我们一起走进古希腊人的世界，了解他们的生活。

在看过古希腊人集体参与城邦事务的相关介绍后，相信有些读者会产生这样的疑问：在这种社会背景下，古希腊人会不会连照顾家庭、从事商务的时间都没有了呢？

实际上，在古希腊的民主制度中，只有一类市民——自由民拥有参与政府事务的权利，而古希腊所有城市的市民结构，都是由少数自由民、少数外国人、众多奴隶构成的。古希腊人如果授予这些外国人——他们口中的"野蛮人"公民权，通常是在发生战争，兵源不足的情况下。一个公民的出身，决定了他是否拥有此种资格。另外，如果一个公民的父母不是雅典人，就算他在某个领域再怎么出色，也只能永生被当作"外国人"对待。

所以，在没有"暴君""国王"统治的情况下，所有的希腊城邦都是由自由民阶层统治的，而且他们也是利益所得者。要想逆转这种管理形势，奴隶阶层的数量必须要高出自由民数量六七倍。在古希腊，奴隶阶层承担着所有的劳动，在各个领域，如教育、工厂、商店、珠宝制作等，都有他们忙碌的身影。而那些主人——自由民呢，只需要参加会议，或者去剧院听听埃斯库罗斯的新作，或者去看看欧里庇得斯又是如何质疑大神宙斯的。这也是现代人将大量的时间和精力，花费在工作上以养家糊口的源头所在。

实际上，古代的雅典和现代俱乐部差别不大，自由民和奴隶的身份都是世袭的，但是，所有人还是争先恐后地抢着成为这个组织中的会员。当然，这里的"奴隶"并非《汤姆叔叔的小屋》里所描述的那样，然而，为别人服务也不是一件令人愉快的事情。如果自由民家庭没落了，也有可能成为奴隶的一员，为富人提供服务，和奴隶一样过着悲惨的生活。相比于下层的自由民，城市里有不少奴隶都富有得多，古希腊人在所有的事情上都遵循"万事都有度"的法则，对待奴隶也如此，不过古罗马人可不这样，他们将奴隶看作没有生命和思想的机器，主人有权力决定他们的命运。

在古希腊人看来，作为一种必要的制度，奴隶对于保证城市成为文明人的乐园来说非常重要。和现在的商人类似，奴隶从事的职业是非常多面的，而对于那些繁重的家务劳动，古希腊人并不为之苦恼，他们在非常简朴的环境里居住，最大限度地减少了家务劳动。一方面，所有的古希腊人包括富人都会住在简单的土坯房里，他们的屋子只有四面墙壁和一个屋顶，以及一扇和街道连通的大门，不仅没有舒适的摆设，连窗户也没有。在一个露天的、有着几株植物及喷泉或雕塑的庭院四周，环绕着厨房、客厅、卧室等，整个环境看起来宽敞又明亮。在天气好的情况下，一家人都会在庭院里居住。奴隶在庭院里为主人烹调食物、教育孩子、缝缝补补——屋子的女主人也会参与这项劳动，一般来说，由于人们认为已婚妇女不应该经常在外面走动，因此她们是很少出门的。而男主人则在某间屋子里核对账目——他的农庄也是由奴隶经营的。

古希腊人并不认为日常饮食是一件快乐的事情，而将其视为难以避免的罪恶，所以他们的饭菜非常简单，大多数时间是面包和葡萄酒，肉和蔬菜只会偶尔出现在餐桌上。由于认为喝水有害身体健康，他们只有迫不得已时才会喝水，而且，他们非常反感大吃大喝、纵情畅饮，他们之所以和朋友一同进餐，原因通常是品味美酒或饮料，或者进行有趣的交谈。在节制的美德的引导下，如果有人喝得烂醉，肯定是要遭到鄙视的。

此外，古希腊人的简朴风气还体现在穿着上，他们非常注重保持外表的干净整洁，而且会坚持锻炼身体，保持身体健康。在服饰方面，他们并不追赶潮流，也不喜欢鲜艳、古怪的服装式样。在日常生活中，男人喜欢穿白袍，十分干净素雅。同样，他们希望妻子适当佩戴首饰，但不会在公众场所炫耀财富。

综上所述，古希腊人的生活是简朴、节制的，他们最大限度地简化了日常需要，以获得身体和心灵上的绝对"自由"。

第十七章 人类娱乐的第一种形式
——古希腊戏剧

戏剧，是人类娱乐的第一种形式。

古希腊人对那些为先祖歌功颂德的诗歌进行收集，是在很久以前就已经开始的。在这些诗歌中，人们可以了解到古希腊人的先祖是如何将皮拉斯基人从希腊半岛驱逐出去的，又是怎样征服了特洛伊城的丰功伟绩。当大街上有人在吟诵这些诗歌时，所有人都会认真聆听。但是，作为当代生活中非常重要的娱乐形式，戏剧的起源并不在于此，而是有着另外一个独特的传奇故事。

游行，是古希腊人自古以来就非常热爱的，为了对酒神狄俄尼索斯表示赞美和敬奉，他们每年都会进行隆重的游行。在古希腊人看来，水的所有作用仅限于游泳和航海，所以他们通常只喝葡萄酒，这也是这位酒神深受人们敬仰的原因。假设现代社会有汽水饮料之神，那么，他一定会享有和酒神一样的地位。

在古希腊人的认知中，这位酒神和一群像人又像羊的怪物——萨梯，共同生活在葡萄园里。所以，在游行中，人们往往会披上羊皮，发出羊的叫声。在希腊语中，山羊被叫作 tragos，然而，歌唱家被叫作 oidos，因此，人们把那些喜欢像山羊一样发声的歌手，叫作山羊歌手。不知道为什么，后来这种奇怪的称呼就发展成了 tragedy——也就是现代名词"悲剧"。站在戏剧的立场上看，就像喜剧总是有着美好结局一样，悲剧总是伴随着悲惨的结局。

这时候，有些读者就要问了：山羊歌手的演唱，是如何演变为在两千年后，始终深受世界各地喜爱的高贵的悲剧呢？要找到这个问题的答案，还得从山羊歌手和汉姆雷特的关系说起。

起初，不少人成了山羊歌手的粉丝，而山羊歌手也确实给人们带来了不少欢乐。然而，一段时间后，人们开始不再为这种"邪恶""丑陋"的表演形式所动，而是希望看到一些更具趣味性的表演。为此，阿提卡的伊卡里亚村的一个年轻诗人发明了一种新的表演形式：当别人站在一旁唱颂时，一名合唱队成员站在队列外，边说话边挥舞双臂，做出很多不同的手势，并和引领着游行队伍的首席排箫乐师按照事先准备好的问题进行对话。这个队员的行为，就是所谓的表演。戏剧中的"对白"，就起源于这些介绍酒神狄俄尼索斯等神祇的故事的对话。群众非常喜爱这种新的表演形式，并将其加入所有的游行仪式中。

在古希腊，最杰出的悲剧家就是埃斯库罗斯（公元前525—前456年）。他创作的悲剧达80部，而且还以两名"演员"取代了之前一名"演员"的形式，发明了一种新的表演方式。而演员的数量后来被索福克勒斯"扩容"为三个。欧里庇德斯在公元前5世纪中期，写出了很多非常令人震惊的悲剧，按照剧情的不同，他会相应地选择演员。后来的阿里斯托芬，在著作中对所有的一切，包括奥林匹斯山众神都会加以嘲讽。此时，合唱队已经彻底成为主角背后的旁观者，并根据剧情需要而发出相应的声音。

随着时间的推移，这种具有创造力的娱乐形式，开始需要固定场所了，于是，在希腊的每个城市，在那些小山的岩壁旁，出现了一座座剧院。演员和合唱队成员戴着表现各种表情的黏土面具，在剧院前的半圆形场地上表演。他们的化妆间由一个大帐篷代替，由于帐篷在希腊文里写作skene，后来就演变成了scenery——也就是现代名词"布景"。

在古希腊人的生活中，非常重要的一个部分就是观赏悲剧，人们对待悲剧的态度是严肃的，而非轻松的。如果诞生了一出新戏，轰动程度和选举并无差别，而一位杰出剧作家所获得的荣誉，也远非一位战功显赫的将军所不能比拟的。

第十八章　希腊人和波斯人的争夺战

在和欧洲进行对抗的战争中，希腊人是最后的赢家，波斯人退回了爱琴海海岸的原居住地。

在之前的文章中，我们了解到，以商业为职业的腓尼基人是爱琴海人的老师，而爱琴海人又成了希腊人的贸易导师。遵循腓尼基人的做法，希腊人到处构建殖民地，并在和外国客商的交易中，使用货币作为媒介，获得了数倍于腓尼基人的利润。他们在公元前6世纪时，将小亚细亚沿岸收入囊中，以非常高的工作效率成功地将腓尼基人的大部分生意据为己有。对于希腊人的这种"恶行"，腓尼基人始终心怀不满，然而他们并未具备足够的实力，来发起对希腊人的讨伐，但是，仇恨的种子深深地种在了他们心中，他们等待着，一旦时机成熟，他们将对希腊人发出致命一击。

前文也曾经介绍过波斯帝国的崛起，一个名不见经传的波斯游牧部落，用很短的时间迅速征服了大部分西亚地区。这些彬彬有礼的波斯人推行一套文明的做事方法，对于那些被征服的臣民，他们从不劫掠，而只需要每年定期得到一些赋税。在抵达小亚细亚海岸时，波斯人对吕底亚地区的希腊人提出了强烈要求，要那块殖民地上的希腊人将波斯人奉为唯一主人，向波斯国王称臣并定时定量缴纳赋税。显然，希腊人并不愿意接受这些苛刻的条件，他们向自己的祖国——爱琴海对岸的那个强大国度，发出了求救信号。就这样，两个国家陷入了战争中。

按照史书的相关记载，所有的波斯国王都无法接受希腊的城邦制，然而，那些已经成为波斯帝国囊中物的民族，在对波斯的统治加以反抗时，都会以这种制度为参考。所以，波斯人绝对不能容忍这种政治制度继续存在于世界上，他们立誓要将希腊的国土划入自己帝国的版图。

由于有爱琴海这一天堑护卫，希腊人并不那么担忧，然而，如果波斯人登陆雅典周边，将会给希腊人带来致命的打击。但事实是，波斯人最终因为无法攻破雅典海岸线的重兵防线，而退回了自己的地盘，希腊人也因马拉松平原一战暂时保全了自己的土地。

波斯人并未就此放弃征服希腊国土的念头，他们在八年时间里，一刻也不放松地做着再次发动战争的准备，同样，希腊人也时刻保持着警惕。双方心里都清楚，一场规模宏大的战争终究会到来，而就如何应对这场战争，雅典内部显然无法统一意见，一些人认为要组建一支强大的海军，另一些人则认为应增强陆军的实力。他们在泰米斯托克利和阿里斯蒂里司的领导下，进行了长时间的争斗，也因此耽误了雅典防御策略的形成。直到阿里斯蒂里司战败，泰米斯托克利才掌握了最后的主动权，他投入全部心血打造了许多优秀的战船，并将雷埃夫斯打造成为一个无比强大的海军基地。

突然，一支装备精良的波斯军队来到了希腊北部的色萨利地区，那是在公元前481年，希腊半岛由此面临着极大的威胁。为了更好地应对这次危机，人们推举军事城邦斯巴达作为希腊联军的军事领袖，但是，由于自己的领土暂时还是安全的，这位领袖显然并不重视北方的战争，所以他们没有加强防守，这样一来，希腊北方和腹地直接相连的要道，就暴露了出来。

色萨利和希腊南部省份间那条处于高山与大海间的通道，由斯巴达国王李奥尼达亲自率领军团防守，在他的调兵遣将下，波斯军队进攻的步伐被斯巴达勇士成功地阻拦了。然而，埃非阿尔蒂斯却背叛了希腊人，在他的引领下，一支波斯军队轻易地从梅里斯抄小路抵达了李奥尼达的后方，并发动了袭击。一场血腥的战役在温泉关附近展开了，李奥尼达全军覆没，波斯军队也死伤惨重。波斯大军在得到温泉关后占据了优势，为了发泄八年来的积怨，他们将战争的矛头直指雅典。而在他们的猛烈攻势下，希腊很快丧失了大部分领土，雅典卫城也被攻陷，人们纷纷开始了逃难之旅。在这种形势下，希腊人显然已经失去了反抗的能力。直到泰米斯托克利于公元前480年9月20日，集中所有雅典海军的力量，设计使波斯舰队来到了希腊大陆与萨拉米岛间，双方在那狭窄的海面上展开了决战。最后，波斯人的大部分舰船被摧毁，雅典人取得了胜利。

由此可见，德摩比利之战，波斯人的胜利是毫无意义的，海上的失利，迫使

• 人类的故事

　　波斯国王薛西斯撤出了希腊人的领土，并决定在北部的色萨利地区休养生息，等待来年春天再战，彻底歼灭希腊人。

　　让波斯人出乎意料的是，斯巴达人此次已经看清了形势，他们非常清楚地知道整个希腊半岛的命运都和战争紧密相连，为此，他们倾尽全力，在科林斯地峡修筑了一座坚固的城墙，以确保城邦的安全。当战争的硝烟在普拉提亚地区弥漫时，在波萨尼厄斯的部署下，来自12个城邦的数十万希腊士兵积极迎战，勇猛地和玛多尼奥斯带领的30万波斯军队展开了斗争。这一次，希腊重新武装的士兵像马拉松平原战争那样，粉碎了波斯军队的攻击，将波斯人完全打败了。巧合的是，在小亚细亚附近的米卡尔角展开战役的雅典海军和在普拉提亚战役中的希腊步兵，在同一天取得了胜利。

　　就这样，欧洲和亚洲的第一次交锋结束了，雅典和斯巴达勇士赢得了全世界人民的敬仰。假设这两个城邦可以就此握手言和，共同应对所有的难题，那么希腊肯定能够成为一个非常强盛的国度。然而，随着合作和胜利所带来的喜悦的消退，他们再也没有给过对方这样的机会。

第十九章　雅典和斯巴达的权力之争

为了希腊半岛的领导权，雅典和斯巴达之间发生了一场旷日持久的争夺战。

同为希腊城邦，雅典和斯巴达所使用的语言是相同的，但这两个城市间的共同点仅限于此。雅典坐落在能够沐浴海风的平原上，对于这个美丽的世界，那里的人民充满了孩子般的好奇；斯巴达位于群山环绕的峡谷底部，对于外界的新鲜事物和思想，那里的人民似乎毫无知觉。作为一个开放的大集市，雅典属于贸易之邦；斯巴达人却以成为勇士为最高理想，打造了一座大兵营。雅典人崇尚高雅而闲适的生活；而斯巴达人唯一的爱好就是战争，他们对战争的热爱已经超越了世间所有的一切。

正因如此，雅典的成功激起了斯巴达人的恶意与仇恨，在击退入侵的波斯军队后，雅典人全身心地投入到保卫和平、重建家园的事业中。他们对雅典卫城进行了重修，用来供奉雅典女神。为了把城市建设得更美好，将年轻人教育得更出色，伟大领袖伯里克利——雅典民主制度的构建者，重金聘请杰出的雕塑家、画家、科学家，前来为雅典服务。这位雅典的领导者从未遗忘斯巴达的动机，并密切关注他们的动向，他在雅典和海洋间建起了雄伟的城池，雅典从此成为当时世界上拥有最完美防御的堡垒。

雅典和斯巴达间的和平状态维持了很久，但是两个希腊城邦间深埋的仇恨并未就此化解，只需要一点点小摩擦，那簇火苗就能燃起熊熊大火，而这场战火一烧就是三十年，双方都遭受了惨重的损失，最后以雅典惨败收场。在战火燃起后的第三年，雅典遭到瘟疫的突袭，这场天灾带走了近半数雅典人民的生命。最不幸的是，这场瘟疫夺去了伟大领袖伯里克利的生命，他的继位者是阿尔西比亚德。在这个新掌权的年轻人的建议下，雅典人做了充分的准备，远征锡拉库扎——坐

● 人类的故事

落在西西里岛上的斯巴达殖民地，但随着阿尔西比亚德因街头斗殴开始逃亡，雅典的兵权落入一个鲁汉手中。这个才智平庸的人的错误决策，不仅直接导致了雅典海军的覆没，还造成了陆军的沦陷。最后幸存的一小部分被俘雅典士兵，沦为锡拉库扎采石场上的奴隶，最终也没能避免死亡的命运。

此次惨败极大地损伤了雅典的元气，在这场战争中，城邦失去了大多数青年人，雅典已经毫无胜算。在长时间的困守后，雅典于公元前404年4月举起了白旗，不得不说，当时的场景实在太过惨烈了，斯巴达人毫不留情地摧毁了雅典的高大城墙，并夺走了所有的海军船只。

雅典最鼎盛的时期，是以雅典为中心，建立起了一个拥有广阔领土的殖民帝国。虽然不管在政治上，还是在军事上，它都已经失去了当时的地位，但雅典人民始终保持着渴求知识和真理的热望，以及热爱自由的精神，并将这一切传承了下来。没落的雅典，尽管已经失去了希腊半岛命运的决定权，但它将永远作为人类的第一所大学，引领全世界人民走向智慧的顶峰！

第二十章　亚历山大和他的大帝国

有着雄心壮志的亚历山大，最终将自己打造的希腊式世界大帝国，建设成了什么样？

亚细亚人在很久以前从多瑙河河畔向南行进，寻找新的乐土时，曾短期驻留在马其顿的群山中，希腊人由此和他们建立了长期稳定的友好关系。同样，马其顿人对希腊半岛上的动态也非常关注。当时，智慧超群的领袖——菲利浦统治着马其顿，斯巴达和雅典关于希腊半岛领导权的争夺战也暂时告一段落。对于希腊的文学艺术，菲利浦十分感兴趣，但是对于他们低效率和低自制力的政治活动，菲利浦十分不以为然，在他看来，这个出色的民族将所有的人力、物力、财力都投入到争斗中，是毫无意义的。因此，他对希腊发动进攻，并成功地征服了那里，顺便给那场持续很久的争斗画上了句号。而且，鉴于波斯国王薛西斯于150年前给希腊送来了一场战争"礼物"，他向自己的希腊臣民提出远征波斯的计划，以便"礼尚往来"。

可惜这场筹谋已久的远征还未启动，菲利浦就被人谋杀了，他的儿子亚历山大继承了父亲为希腊复仇的遗志。说到亚历山大，就不得不提他的老师亚里士多德——杰出的希腊导师、哲学家，受其影响，亚历山大热爱希腊的文化，并在政治、军事、哲学、艺术等领域取得了突出成就。

亚历山大率军从欧洲出发，是在公元前334年春天。这个征途无疑是漫长的，七年之中，大军歼灭了腓尼基人——希腊商人的天敌，占领了埃及，亚历山大也受到尼罗河河谷人民的敬仰，被尊为法老的儿子和继承人。亚历山大还摧毁了波斯帝国，提出重建巴比伦的要求，并继续向喜马拉雅山挺进。最后，马其顿将整个世界都变成了囊中物，亚历山大也暂时停了下来，思索起别的事情来。热爱希腊的他，将希腊精神作为新帝国的核心思想，将希腊语言作为人民的必修课，当然，人们也必须按照希腊风格来建造房屋。此外，亚历山大那些在战场上英姿飒爽的士兵们，也脱去戎装，担任起教师的职责，毫无疑问，他们传授的也是希腊文化。就这样，一个传播希腊文明的和平中心，在原来的军营里拔地而起，整个世界都笼罩在希腊的风俗习惯和生活方式的影响下。

不幸的是，由于热病的突袭，公元前323年，年轻有为的亚历山大在汉穆拉比的旧巴比伦王宫里逝世了，而那股希腊文明的浪潮也逐渐消退。亚历山大仅凭个人的偏爱，就给人类留下了一片肥沃的文化土壤。在他死后，他的帝国很快分崩离析，被一群野心勃勃的将军给瓜分了，但亚历山大最初建立以希腊文明和亚洲精神为主的世界的梦想，依然存留在他们心中。

在罗马人征服整个西亚和埃及前，这些分裂出来的小国家都有着独立权，但是罗马征服者拿走了包括部分巴比伦、部分埃及、部分波斯、部分希腊的马其顿精神遗产，并将之应用于罗马世界中，一直延续到现在。

到这里，文明地区已经形成了一个以埃及为发端，从美索不达米亚和爱琴海的岛屿穿过，波及全部欧洲大陆的区域。埃及人、巴比伦人、腓尼基人，包括犹太人在内的众多闪米特部族，都曾在世界文明史上担任重要角色。后来，印欧种族的希腊人从他们手中接过了文明的火炬，并将其传递到罗马人手中，与此同时，闪米特人不断向北非海岸以西拓展，征服了地中海西半部。

按照这样的发展态势，印欧人和闪米特人这两个人类的大种族，必然要在某个历史时刻，针对地中海和其他地区展开一场统治权争夺战。罗马帝国由此崛起，更深入地与美索不达米亚、埃及、希腊文明相融合，形成了现代欧洲社会的精神基础。

上述这些，就是人类文明史的主要线索，接下来，让我们继续往下梳理，去了解一下迦太基和罗马之间发生的故事。

中 卷

卡特哈斯达特伫立在一座小山上,这是腓尼基人的小贸易据点,山下是欧洲与非洲的分界线——宽阔的阿非利加海。依山傍水的地理环境,使卡特哈斯达特成了著名的商业中心和贸易中转站,并变得非常富有。公元前6世纪,当巴比伦国王尼布甲尼撒二世毁灭提尔时,卡特哈斯达特便挥利剑斩断了与腓尼基的所有联系,成了一个独立自主的国家,即迦太基。从此,它一直坚持不懈地充当着闪米特种族西进的前沿阵地的重要角色。

第二十一章　罗马和迦太基之间的恩怨

为了西地中海的统治权，在非洲殖民地迦太基，闪米特种族和意大利西海岸的罗马人展开了一场争夺战。在这场残酷的战争中，罗马人最终征服了迦太基。

在一座能够俯瞰一片九十英里（1英里=1.61千米）宽海面的小山上，腓尼基人打造了卡特哈斯达特，就是这个小贸易据点，将欧洲和非洲的阿非利加海分隔开来。这个再完美不过的贸易中转站、商业中心，在很短的时间内，就成为了繁荣富庶之地。卡特哈斯达特和母国的联系，在巴比伦国王尼布甲尼撒二世于公元前6世纪征服提尔时，就已经断绝了，而后崛起的迦太基，作为一个独立国家，在很长时间内，都是闪米特种族向西部扩张的大本营。可惜这座城市并未完全脱离母国的恶习，腓尼基人在上千年历史中难以磨灭的劣根性，并未在此消失。这座城市的本质，是一个在海军守护下的大型商号，而作为绝对的商人，迦太基人对生活中除了做生意以外的任何事物都毫无兴趣。少部分富人集团掌管着大权，统治着这座城市及周边地区和众多殖民地。希腊语以"ploutos"这个词来表示富人，所以，富人统治的政府被希腊人叫作"财阀统治"或"富人统治"，写作"plutocracy"。

富人政权在迦太基有着非常典型的表现，十二个大矿场主、大商人、大船主，掌控着国家的真正权力，这些人把国家看作一个能帮助他们赚取大笔财富的大公司，他们常常聚在一起共谋大计，并严密地监控着身边事态的发展。渐渐地，迦太基在当地的影响力越来越大，并将北非的大多数海岸地区也收归麾下，甚至征服了西班牙和法国的一些领地。在这些属地的进贡下，迦太基变得越来越富有。

显而易见地，这个富人政权的建立，和人民大众的支持脱不开关系，对于大部分市民来说，他们对掌权者的最大要求，就是自己的工作机会和薪水能够得到保证。但是，如果船只出海受到限制，冶炼矿石的熔炉无法正常工作，码头工人和装卸工人就会失去工作机会，他们家人的生活也就无法得到保证，这时候，人们就会提出召开平民会议的要求，这是从古代自治的迦太基共和国沿袭下来的。

为了安定民心，富人政府不得不使出浑身解数来使整个城市保持在高速运转的商业状态中，他们在五百年的时间里用辛勤的付出做到了这一点。但是，这些统治迦太基的富人们，因为一些从意大利的西海岸传来的谣言而变得惶恐起来，根据这个传言，坐落在台伯河边的一个名叫罗马的小村子，在极短的时间内就征服了意大利中部的所有拉丁部落，而且这个新的崛起者正筹划着和法国南部及西西里地区，从海上建立贸易往来通道。

试想，这样残酷的竞争，对于那些从未在商业上吃过亏的迦太基富人们来说，是一个多么大的打击和一个多么可恨的存在！这个新崛起的强权成了他们的眼中钉，为了保住西地中海绝对统治者的地位，他们暗暗下定决心，一定要在罗马羽翼未丰时，将之全盘歼灭。在全面考察之后，他们掌握了实情。

意大利的西海岸，历经了一段相当长的灰暗时期，当时所有的希腊良港都以经济发达的爱琴海岛屿为指向，共享通商成果。完全相反的是，意大利西海岸极其穷困，鲜有外国商人造访，那里的土著过着与世隔绝的生活，所拥有的一切就是地中海荒凉的海岸，布满沼泽的平原，以及绵延的丘陵。

就在某一天，一些原本居住在欧洲大陆上的印欧种族游牧部落，突然踏上了南迁之旅，他们穿越阿尔卑斯群山后，从一个隘口涌进了亚平宁，并不断前进直至抵达一个长靴状的半岛。历史上关于这些早期征服者的记录少之又少，只有在荷马的诗歌里，有一些关于他们丰功伟绩的见证和记载。800年后，罗马城在那片热土上崛起，成为一个大帝国的宏伟中心，这里的故事听起来并不那么有趣。

最开始的时候，坐落在意大利中部平原中心，拥有台伯河这一直接出海口，以及一条横穿半岛南北要道的罗马城，因为地理、交通优势，吸引了大批商人前来贸易。当地居民在台伯河岸边七座小山的保护下，得以远离周围山地地区和远方滨海地区敌人的侵害。他们在山地地区的敌人，是粗鲁奸诈、希望通过掠夺维持生活的萨宾人，但是和罗马人的钢剑相比，这些人所使用的石斧和木质盾牌实在不足为患。罗马人真正危险的敌人，是滨海地区的伊特拉斯坎人，谁也不知道这些人是从哪里来的，属于哪个种族，又是为何、何时来到意大利西部滨海地区的，只有那些随处可见的碑文标示着他们的足迹，可惜的是，谁也不知道那些神秘的伊特拉斯坎文字记录着怎样的故事。人们仅仅依靠推测，得出这样的推断：伊特拉斯坎人起源于小亚细亚，由于战争或天灾离开故土到处流浪，最后来到意大利定居。

在人类的历史上，伊特拉斯坎人所扮演的角色是十分重要的，他们是古代文明从东方传入西方的媒介，也是罗马人最早的启蒙老师，在他们的指引下，罗马人学会了天文、烹饪、艺术、医药等文明生活的基本知识。但是，他们并未受到罗马人的敬爱，这和希腊人憎恨自己的导师——爱琴海人十分相似。和希腊人一样，罗马人从和希腊的通商中尝到了甜头，并抛弃了导师伊特拉斯坎人。起初，希腊人抱着做生意的态度来到意大利，但后来留在了那里，成为罗马人的新导师。随着时间的推移，希腊人发现拉丁人——在罗马乡间居住的部族，对具备实用价值的新鲜事物有着很高的接受度，而懂得书写文字的优点后，罗马人也以希腊字母为参照，发明了拉丁文。希腊人使用统一货币和度量方式的做法，也被罗马人学以致用，极大地推动了商业的发展。

最后，罗马人在文明方面赶上并超过了自己的导师希腊人，他们非常高兴地在自己的国家里，供奉起希腊敬奉的诸神：宙斯被赋予新的名字——朱庇特，同时移居罗马的还有希腊的其他神祇。作为国家机构的一分子，罗马诸神和希腊诸神一样，坚守着自己的岗位，把自己负责的部门打理得井井有条。这些正义的守护者，要求信徒们认真皈依自己，他们的要求得到了罗马人的回应。但是，一种和谐亲密的神人关系，始终存留在奥林匹斯山诸神和古希腊人之间，这是在罗马所不曾出现过的情况。

尽管罗马人和希腊人同属印欧种族，但希腊的政治制度并未在罗马得到沿袭。相比于希腊人，较为欠缺想象力和表现欲的罗马人在治理国家方面，更倾向于借助现实的行动，而非长篇大论的演讲。在他们看来，自由民集会，也就是平民大会并不是一种好的习惯，所以，罗马城市的管理大权交给了两名由老年人组成的"元老院"辅佐的执政官掌握，通常来说，这些元老是贵族阶层出身，但在权力上并没有什么自由。

就像在被逼无奈时，雅典推行了《德拉古法典》与《梭伦法典》，来对贫富纠纷问题加以解决的做法一样，贫民和富人间的斗争于公元前5世纪，在罗马爆发了，于是罗马也推行了一部成文的自由民制度法典，由在自由民中选举而出的城市地方长官——"保民官"来保护贫民免遭贵族法官迫害。保民官的职责就是对政府官员加以监督，对自由民的权益加以维护。依据罗马法律，执政官可以判决人的生死，但是，在案件尚未查明之前，保民官能够介入案件，来确保案件的公平性。

在这里，罗马并非单纯的一座小城市，它的实力覆盖大片乡村地区，就是在管理这些城墙外的地区的过程中，早期的罗马帝国把殖民技巧应用得越来越娴熟。过去的罗马城，坐落在意大利中部，这是当时仅有的一座有着强有力防御措施的城市。然而，罗马并不是一个故步自封的城市，它十分热情好客，常常担任拉丁部落紧急避难所的角色。渐渐地，那些经常被外敌骚扰的拉丁部落开始意识到，要是能够拥有这样一位强大的朋友，自身的安全将得到很好的保障。所以，作为一种合作模式，这些拉丁部落和罗马城缔结了攻守同盟，不同于希腊、腓尼基、巴比伦、埃及等国家的是，聪明的罗马人在为非本族的"野蛮人"提供保护时，并不要求他们签订诸多归顺条约，而是用一种平等的方式，将他们纳入罗马帝国。作为回报，这些受保护的邻居要在双方共同的城市和祖国受到外敌入侵时，承担起保家卫国的责任。显然，罗马人的这种做法受到了外族人的支持，为了报答大恩，他们对罗马非常忠诚。

对于希腊，外族居民仅仅将那里看作一个临时寄居所，为了得到寄居国的施舍，他们需要不断地向主人缴纳税款，所以，如果城市陷入危险状态，他们并不会冒着生命危险去捍卫，而是很快地逃离那座城市。与之相反的是，假如罗马城受到攻击，虽然甚至可能连罗马的城墙和圣山都未见过，但是所有的拉丁部落都会自觉地用生命去保卫他们共同的领土和家园，不管发生什么事，他们对罗马城的忠心都保持不变。当高卢人于公元前4世纪初，向意大利发动侵略战争，并在阿里亚河附近彻底击溃罗马军队时，这些野蛮的入侵者以为可以轻松夺取罗马城了。在他们的预料中，罗马人会主动出击，所以他们假装求和，并神闲气定地坐观罗马人的行动。可时间过去了很久，他们还是没有得到回应。很快，高卢人发现自己已经被罗马人包围了，他们被围困在一座城中，在难以保证供给的情况下坚守了7个月，最终不得不狼狈撤退。在接纳外族人的政策上，罗马人实行的平等原则，既为战争积攒了凝聚力，又为自己之后的强盛夯实了基础。

根据上文不难发现，相比于迦太基式的理想，罗马人打造健全国家的伟大理想与之有着很大的差异。"平等的公民"间的团结友爱，是罗马人捍卫城市的重要基础。但埃及和西亚的模式，是迦太基人沿袭的，他们需要属民完全服从自己，所以并未得到心理上的认同，正因如此，如果有必要，在战争中他们会依据典型的商人思维来雇佣一些职业军人。说到这里，你应该明白了，对于这个睿智而强大的敌人，迦太基人为什么会如此忌惮，以至于非消灭罗马不可。但是，商人的天性，使得迦太基人决不会莽撞行事，经过协议，他们在地图上圈出了各自城市的"势力范围"，并做出互不侵犯的承诺。显然，这是一个轻易达成并迅速瓦解的协议。

当时，处于一个腐败无能政府的统治下的西西里岛，是外来入侵者最容易盯上的地方，因此，迦太基和罗马展开了一场长达24年的争夺战，这就是历史上有名的第一次布匿战争。在海战方面，一开始迦太基海军轻易地摧毁了罗马舰队，但随后罗马杰出的工程师在战船上安置了吊桥，这样一来，罗马士兵就可以发挥自己的优势，冲到对方的船只上击败对手。很快，罗马人击败了迦太基人，并得到了西西里。

23年后，两国间又为矿产展开了一场争夺战。为了开发铜矿，罗马人征服了撒丁岛，而迦太基人则占据了西班牙南部，以开采白银。成为近邻的两大强权都十分排斥对方，所以，罗马人首先发难，向迦太基军队派去了监视部队。战争一触即发，所以，双方就独立的希腊殖民地，再次燃起了战火。首先，迦太基人对西班牙东海岸的萨贡托发起了攻势，在收到萨贡托人的求救信号后，乐于助人的罗马人决定施以援手。但在罗马组织远征军期间，迦太基人摧毁了萨贡托，这使罗马人大为光火，盛怒的元老院派遣了一支军队，越过阿非利加海，在迦太基附近登陆，同时派遣了一支军队来牵制在西班牙驻扎的迦太基部队。在很多人看来，这个完美的计划是必胜的，但实际上并非一帆风顺。

罗马两个军团中的一个，于公元前218年秋天从意大利出发，前往西班牙攻击驻守在那里的迦太基军队。罗马人心怀必胜的希望，但等待他们的却是一场波及整个波河平原的噩梦。这场噩梦源于一些山民传播的一个离奇的传言，据说，在比利牛斯山的云雾里，突然出现了数十万名棕色人，他们拥有一群奇怪的、像房子那么大的野兽。人们看到他们的地方是格瑞安山隘，那是赫拉克勒斯数千年前从西班牙去往希腊的必经之地。过了一段时间，罗马城前突然出现了一大群面

• 人类的故事

黄肌瘦的逃难者,他们给罗马人带来了更加详尽的消息。汉尼拔——哈米尔卡之子,已经率领一支由37头战象、9000名骑兵、50000名步兵组成的部队,越过比利牛斯山。这支大军在罗纳河边征服了以西庇阿为统领的罗马军队,并于10月份翻越了被冰雪覆盖的阿尔卑斯山,随后联手高卢人在特拉比亚河边击溃了另一支罗马军团,目前正计划攻克罗马和阿尔卑斯山区行省大道的交界处,即北方重镇普拉森西亚。

对于这一点,尽管罗马的元老院表现得十分平静,但事实上震惊无比,他们并未将罗马军队惨败的事情公布出去,而是又向汉尼拔的军队派去了两个阻击军团。毫无预警地,汉尼拔的军队就在特拉西米诺湖边攻击了罗马援军,并将其大半歼灭,一举夺得先机。这使得罗马人陷入了巨大的恐慌中,但是元老院并未惊慌,他们授予费边荣誉称号"拯救国家的需要",由他统领第三个军团去阻止汉尼拔。

汉尼拔这个敌人十分危险,费边很清楚,他步步为营、精心筹谋,以最大限度保存部队实力。这些士兵是罗马最后的军事力量,虽然他们都受过非常严格的训练,但根本无法和汉尼拔部队中那些富有经验的老兵抗衡。所以,费边费尽心思地布局,以免正面和汉尼拔对抗,他利用地形优势,跟踪汉尼拔军队的步伐,将食物、道路、桥梁都摧毁了。同时,他采用游击战术,在出人意料的情况下,向迦太基人的小部队发起袭击,用这种令敌人万分困扰的方式,一点点地挫败汉尼拔军队的士气。

虽然费边制定了完美的战术,但是罗马人还是无法从恐惧中解脱,他们在罗马的城墙后过着提心吊胆的日子,每日都在祈祷费边能够取得胜利。在罗马人日益高涨的呼声中,所谓的人民英雄瓦罗,到处贬斥费边年老体弱、鼓吹自己行动果断,最终他被推上了战争的一线。而可怜的费边呢,早已失去了当时的荣誉称号,成为深受罗马人鄙视的"延缓者"。很快,罗马人推选瓦罗为罗马军队的新任总司令,在他的指挥下,罗马军团于公元前216年,在坎尼战役中受到前所未有的重创,损失了70000多人,汉尼拔从此主宰了意大利,并开始执行全面推翻罗马的计划。他的大军举着解放罗马人的大旗,轻易地横扫了亚平宁半岛。此时,罗马的善政得到了丰厚的回报,虽然汉尼拔自称"解放者",戴着伪善的面具鼓吹人民一起反抗罗马,但是那些得到解放的人都反对和抵抗他。由于长期征战,他的部队无法得到正常补给，而在得到他的求救信号后，迦太基也无法在装备和军队两方面给他提供帮助。

不久之后，在取得了大量的胜利后，汉尼拔遭到了被征服国的围攻，虽然他的兄弟哈斯巴打败了西班牙的罗马军队，并传信要来支援汉尼拔，但罗马人抓住了那个信使，使得汉尼拔没能及时得到兄弟的消息。某天，有人将一只装着哈德鲁巴头颅的篮子送到了汉尼拔的营帐前，他才发现自己已经完全失败了。此后，歼灭哈德鲁巴的罗马将军小西庇阿占据了西班牙，并用四年时间准备了对迦太基的致命一击，迦太基紧急召回了汉尼拔。但尽管他精心布局，还是没能逆转迦太基军队在公元前202年扎马战争中的惨败。汉尼拔踏上了逃亡之路，竭尽所能发动叙利亚人和马其顿人共同对抗罗马。但是，在这些亚洲国家中，他并未得到自己想要的，与之相反，罗马人由此找到了攻击东方和爱琴海的理由。

从此，汉尼拔失去了家园，不得不在各地流亡，深受打击的他，直到此时才明白自己已经失去了热爱的祖国迦太基。这个惨败的国家失去了海军军队，只好以向罗马屈服来获得和平。眼看自己的祖国在无边的黑暗中年复一年地偿还着巨额的战争赔款，甚至失去了发动战争的权力，汉尼拔于公元前190年服毒自杀了。

罗马人向迦太基发动致命一击，是在40年后，腓尼基殖民地的人民在长达三年的反抗后，不得不投降。罗马人焚毁了整个城市，将俘虏卖作奴隶，然后回到自己的国家展开了大肆庆祝。

迦太基覆亡后的1000年内，地中海变成欧洲的内海，而亚洲在罗马帝国灭亡后，又尝试夺回它的控制权。在后面的章节里，我们将讲述具体的故事。

第二十二章　罗马帝国是怎样兴起的

提起罗马帝国的问世，绝对不是一件必然的事情。它完全是自然发展的产物，而非某个或某些人的精心安排。在历史上，无论哪个出色的人物，都不曾提及过建立罗马帝国的计划。

毋庸置疑，在罗马史上涌现过大量出类拔萃的将军、政客、刺客等，罗马军队也曾横扫天下，然而，罗马平民都十分安守本分，并不热衷于政治，只希望永远在家中过着无忧无虑的生活，假设有人谈起向外扩张的话题，他将会连一个听众都没有。实际上，罗马的领土之所以不断得到扩大，原因并非人们的野心，而是环境所迫：如果有人试图攻击罗马人，他们绝对会一改平时淡泊的作风，竭尽全力自我保护。哪怕征程再怎么遥远，罗马人也会毫不犹豫地漂洋过海去为自己的祖国而战。在战争结束后，罗马人会在新征服的土地上驻留，对那里进行管理，以杜绝它被野蛮部族控制，威胁到罗马的安全。虽然这并不是那么简单，但理解起来也不困难。

非洲战火的燃起，是在西庇阿将军于公元前203年，率众穿越阿非利加海时。为此，汉尼拔被迦太基紧急召回，加上汉尼拔手下的军队多是花钱雇来的，并没有很强的凝聚力，这支部队很快就在扎马附近遭到了重创。汉尼拔没有接受罗马人的投降要求，而是向亚洲的叙利亚和马其顿求助——在前文中，我们了解过这个故事。当时，叙利亚和马其顿都处于亚历山大帝国残余势力的统治下，这两位统治者正有瓜分尼罗河谷的打算，都筹划远征埃及。在得到风声后，埃及国王马上求助于罗马人，于是一场关于阴谋与反阴谋的大戏就此上演。但是，在这幕戏拉开序幕前，想象力不够丰富的罗马人十分莽撞地先出手了：公元前197年，他们在色萨利中部俗称"狗头山"的库诺斯克法莱平原，击败了马其顿人的希腊重装步兵方阵。随后，罗马人开始大举进攻半岛南部的阿提卡，并呼吁处于马其顿压迫下的希腊人起来反抗。不幸的是，这些希腊人并没有因多年的半奴役生活而精明起来，重新获得自由后，他们依旧没有提高警惕。不久后，希腊的所有城邦又开始了无休止的争论，对于这一点，政治观较差的罗马人起初采取了极力忍耐的态度，虽然他们对这种民族内部的争论十分不屑。但随着时间的推移，罗马人终于忍无可忍，他们向希腊发起了进攻，为了对其他城邦加以警示，他们焚毁了科林斯城，并向雅典派遣了一名总督，以对这个不安分的省份加以监管。

在那个时候，统治海勒斯蓬特海峡另一边广阔土地的是叙利亚国王安条克三世，凭着叙利亚尊贵客人的身份，汉尼拔用轻描淡写的话语，向安条克三世介绍了自己攻占意大利、征服整个罗马城的计划，并得到了这位国王的支持。

在扎马战争中，被汉尼拔与迦太基军队挫败的、非洲的入侵者西庇阿大将军的弟弟——卢修斯·西庇阿，奉命前往小亚细亚，他于公元前190年在马格内西亚附近征服了叙利亚的军队，很快叙利亚人民就处死了安条克，罗马掌握了小亚细亚的保护权。最后，这个看似毫不起眼的罗马城市共和国，掌控了地中海周围的辽阔土地。

第二十三章　从罗马共和国到罗马帝国

在本章中，我们将了解从罗马共和国到罗马帝国期间，发生的那些故事。

在连番获胜后，罗马军团带着荣耀回到祖国，为了欢迎他们凯旋，罗马人民举行了盛大的游行和狂欢。出乎意料的是，罗马人民并未因这种荣耀而过上更好的生活，国家沉重的兵役使得农民在连年的征战中荒废了农事，无法保证正常的生活。那些在战争中立下汗马功劳的将军和他们亲近的人，获得了很大权力，并利用战争为自己牟利。简朴的生活，是古代的罗马所推崇的。但战后，奢侈与浮华成了共和国的信条，先辈们的高风亮节已经成为过去式，罗马俨然成为富人阶级为自己牟利的工具，这就注定了它的灾难性结局。

实际上，罗马在并不长的140多年时间中，掌握了地中海沿岸所有地方的控制权。起初，战胜方会将战俘卖作奴隶，仅仅剥夺其人身自由，但对于那些已经被征服了的敌人，罗马人显然毫无怜悯之情，无论是迦太基，还是叙利亚、西班牙、马其顿、希腊等国的人民，罗马人都将他们当作奴隶出售。

和现代富人的工厂相似，2000年前奴隶的地位十分低下，古罗马由商人、将军元老院成员组成的富人阶层，用拥有土地和奴隶的多少来彰显自己的财富，他们通过购买或直接攫取的方式，来得到新征服国家的土地，并在各地的市场上用非常低廉的价格买入奴隶。在奴隶的供应量方面，在公元前两三百年里，都是供大于求的。所以，在奴隶因过度疲惫而死亡之前，庄园主们可以任意地驱使他们。如果出现了劳力的损失，主人们就会到就近的市场上，挑选并购买新的战俘——他们大多来自科林斯或迦太基。

在这里，让我们了解一下普通罗马农民的生活。首先，这是一群任劳任怨地为罗马服务的人，但是，当他们在长达十几年的漫长战争后回归家园，却发现已经失去了自己的房屋，田地也荒芜了。在这些坚强的人们看来，只要再辛勤工作一些时日，就可以重新获得失去的一切。然而，当收获季节来到，他们将自己的农产品运到市场上交易时，才发现拥有大量奴隶的大庄园主，已经不会再用合理的价钱购买他们的农产品了，他们只好将自己货物低价卖出。几年后，农民终于无法忍受这样的生活状态，只好离开这个令自己极其失望的城市，迁往别的城市谋生，可情况并没有得到好转。唯一值得安慰的是，他们的痛苦可以和数千名命运同样悲惨的人们分担，由于生活的地方条件极其恶劣，他们的日子并不好过。渐渐地，农民们开始怀疑自己为祖国拼死战斗的意义，在那些野心勃勃的政治家的煽动下，这些农民成为国家新的不安定因素。

对于这种情形，新兴的富人阶级并未加以重视，在他们看来，他们拥有军队和警察，对付这些普通农民再容易也不过，于是他们继续过着轻松自在的生活。

这里有必要介绍一下形形色色的改革家。古老共和国时代的优良品德，依然存留在几个庞大的贵族中，科内莉亚——阿非利加将军西庇阿的女儿，在和罗马贵族格拉古结婚后，有了提比略、盖约两个儿子，后来他们都从事政治工作，并竭尽全力推行几项改革措施，以解决国家面临的迫切问题。其中，被公众选为保民官的提比略为了保护自由民的利益，重振小土地所有者阶层（他们对国家的价值极高）的活力，重新启用了两条古代的法律，将每个人所拥有的土地数量限定在一个范围内，但此举引起了富人们的不满，为了杀死这位他们眼中的"强盗""国家公敌"，人民眼中的救世主，他们雇用了一群暴徒，制造了街头暴乱，并最终达到了目的。10年后，盖约——提比略的亲兄弟也走上了哥哥的道路，他希望通过改革，来抵制特权阶层泛滥的权力，可为了帮助农民重获土地，他制定了《贫民法》，但并未收到预期效果。

在罗马帝国周边，盖约开辟了一片居留地以收留贫民。可惜的是，在达到目的之前，盖约也遭到杀害，他的追随者们沦落到非常悲惨的境地。贵族绅士，是最初的改革者，而后来的两位改革者马略和苏拉的身份都是职业军人，他们受到了众人的拥戴。其中，苏拉是庄园主的领袖，马略是一位自由民英雄，曾在阿尔卑斯山下那场著名的战役中，为击退条顿人和辛布里人做出了重要贡献，但后来他所有的财产都被剥夺了。

元老院的成员们，在公元前88年受到从亚洲传来的消息的困扰。根据这些谣言，在黑海沿岸，有一个由希腊人的儿子——米特拉达特斯担任国王的国家，这位国王致力于打造第二个亚历山大帝国。在开启远征世界之旅前，米特拉达特斯将所有生活在小亚细亚附近的罗马公民统统杀光了，以此对罗马宣战。为了对这位国王加以严惩，元老院向他派出了一支军队，在这支军队的统帅人选上，元老院和民众产生了极大分歧：一方认为要由执政官苏拉担任；另一方却坚持五次担任执政官、捍卫民众利益的马略更为合适。

经过长时间的争论，苏拉凭借自己的财富实力取得了胜利，实际上他早已掌控了军队的所有大权。当他率军前去惩罚米特拉达特斯的同时，马略向非洲逃亡，伺机反击，当他得知苏拉的军队在亚洲驻扎时，就回到意大利，召集民众进攻罗马。他们十分顺利地攻入罗马城，在5天时间内征服了元老院那些反对马略的人，但令人啼笑皆非的是，马略在成为执政官后，因为过于兴奋而离开了人世。

由此，罗马陷入了十分混乱的4年，而征服米特拉达特斯的苏拉则放出话来，他将返回罗马对自己和马略间的矛盾做出最后的回应。为此，在几周时间内，他和自己手下的士兵屠杀了几乎所有和民主改革有关的同胞，他们的俘虏之一——恺撒，和马略的关系非常亲近，由于他尚且年轻，在人们的求情下，士兵们免除了他的死刑，下面将会有章节专门对他进行介绍。就这样，苏拉成为"独裁官"，罗马这位独一无二的统治者，独自掌管着罗马帝国及大量的财产、属地。在度过4年安闲舒适的帝王生活后，他安详地离开了人世。

苏拉的死并未逆转罗马的政治格局，他最亲密的朋友庞培大将军继承了他东征的遗志，没有放弃讨伐米特拉达特斯的事业。经过长期的征战，庞培将这些困扰罗马的入侵者给围困在山区里，米特拉达特斯无法接受成为罗马人俘虏将面临的可怕后果，便服毒自杀了。

庞培并未就此停下扩张的步伐，他的志向在于打造一个属于罗马人的亚历山大帝国，并先后征服了叙利亚、耶路撒冷、西亚，最终于公元前62年带着12艘满载被俘国王、王子、将军的舰船，以及价值4000多万美元的财富返回了罗马。为了庆祝庞培的凯旋，罗马人举行了盛大的活动，并强迫那些战俘以战利品的身份，在游行队列中行走。

在当时那种情况下，罗马迫切需要一位精明强干的统治者。此前罗马城几乎被游手好闲的卡特林掌控，这是一个好赌成性的年轻贵族，在输光家产后，他试图在政变中为自己牟利。所幸这一阴谋被律师西塞罗及时察觉并告发到元老院。虽然"卡特林事件"得到了很好的解决,但并不意味着罗马城的危机已经完全解除,城里到处都潜伏着蠢蠢欲动的负面势力。

此时,庞培大将军被推到了政治的最前线,为了更好地掌管政府的事务,以他为首成立了三头政治,另外两位分别是任西班牙总督时深得民心的恺撒,以及拥有巨额财富的克拉苏,这位在战争中暴富的小角色,很快就在远征帕提亚时战死了。在三个人中,能力最强的是恺撒,这个有着征服世界理想的年轻人,先后拜访了今天的法国以及条顿、英格兰,最后,受国内混乱局势的牵制,他不得不回归意大利,这才结束了自己的远征。

事情是这样的,恺撒在征途中得到庞培出任"终身独裁官"的消息,这将使得恺撒的地位仅仅停留在退休军官上,这和他的伟大抱负还有很大距离,充满雄心壮志的他是绝对不能接受这种事情的。作为马略曾经的追随者,他的军事生涯已有多年,为了教训元老院和"终身独裁官",他带领部队横跨鲁比康河攻向罗马。沿路上,人民都十分拥戴他,他也因此十分顺利地征服了罗马,庞培不得不向希腊逃去。恺撒率军一鼓作气,在法尔萨拉附近打垮了庞培一众,战败的庞培只好向埃及逃去,被埃及年轻的国王托勒密派人暗杀了。而当恺撒赶到埃及时,那些埃及人和誓死效忠庞培的罗马军队,联手攻击了他,幸运的是,他最终焚毁埃及的舰队,取得了成功。但就文明的发展来说,埃及著名的亚历山大图书馆在此次战役中遭到了破坏,失去了无数珍贵的古代书籍。

在歼灭埃及海军后,恺撒向埃及陆军发动了进攻,并将他们驱逐到尼罗河,托勒密也失去了生命。就这样,埃及的统治权落到克娄巴特拉手里。与此同时,米特拉达特斯的儿子法那西斯也在筹备为父亲报仇,为了解决这一忧患,恺撒开始北征,并很快击溃了法那西斯。返回埃及的恺撒,疯狂地爱上了女王克娄巴特拉,并于公元前46年带着她回归故土,接掌国家政权。可以说,恺撒的一生是光辉闪耀的,他赢得了四次重大的战争,是四次凯旋仪式的主角,他的英雄梦实现了。回到罗马的恺撒将自己的冒险征程讲述给元老们听,并成为新的"独裁官",对于恺撒来说,接受这个任职是致命的。

为了对危机四伏的国家加以改革,恺撒推出了一系列有力措施,从他开始,外族人能够参与政府的事务,自由民再次拥有加入元老院的资格,罗马古制得以恢复，边疆地区的人民也开始拥有公民权。同时，为了确保部分边远行省地区免于被贵族世家据为己有的命运，他还对那里的行政管理制度做出了改革。总而言之，推行众多利民政策的恺撒，成为特权阶层的死敌。根据恺撒从埃及引进的历法，50个年轻的贵族成员在3月15日，谋杀了前来元老院参加会议的恺撒，罗马再次陷入群龙无首的局面。

恺撒的光荣传统，曾一度被恺撒的前秘书安东尼和恺撒的外甥及地产继承人屋大维沿袭。其中，安东尼前往埃及，屋大维留守罗马。罗马的将军似乎都无法逃过江山和美人的诱惑，安东尼也成为克娄巴特拉的裙下臣，并因此荒废了军政。为了罗马的统治权，屋大维和安东尼展开了争夺战，安东尼在亚克兴战役中被屋大维击败后自杀了。克娄巴特拉的魅力对屋大维毫不奏效，最终也落了个自杀的下场。就这样，托勒密王朝失去了最后的继承者，埃及沦为罗马的众多行省之一。

作为一名充满智慧的年轻人，屋大维绝对不会重蹈舅舅的覆辙，他非常清楚地知道说话的方式在人和人的交往中的重要性，因此，他回归家乡后，字斟句酌地提出了自己的要求——一个"光荣者"的头衔。但元老院于数年后给他的答复是代表神圣、卓越、显赫的"奥古斯都"，他也并未表示异议。慢慢地，人们开始把他叫作"皇帝""恺撒"或"元首"，这就意味着共和国已经在无形中变成了帝国，但这一点并未为普通罗马人所察觉。屋大维罗马统治者的地位，在公元前14年达到顶峰，人们将他当作神来崇拜，他作为历史上一个空前强大的帝国的统治者也成为真正意义上的"皇帝"。

实际上，长时间的无政府状态及无秩序的局势，早就引起了罗马民众的厌恶，如果新的统治者可以让他们安稳地生活，而不是经常为街头的暴动所困扰，他们就会觉得满足。在40年的时间里，没有扩张领土野心的屋大维没有让自己的子民失望。其间他唯一发起的战争，是在公元前9年，对象是生活在西北荒野的条顿人，但是那场战争夺去了大将瓦鲁斯和全部士兵的生命，此后，罗马人就不再试图驯化那些野蛮民族了，而是将所有的精力都用于管理国内事务，希望重建一个井然有序的国家。但是，为期200年的国内革命和对外战争，已经使罗马人失去了大批优秀士兵和大部分的自由农民。奴隶的大批量引进，造成自由民和大庄园主实力过于悬殊，自由民阶层逐渐衰落直至消失。城市在战争的冲击下变得支离破碎，大量农民因破产变得贫苦不堪，过着流离失所的日子。

在战争中，崛起了一个人数众多的官僚阶层，小吏们微薄的薪水不足以养家糊口，只好收受贿赂。这还不是最可怕的，由于长期处于战争环境下，人民早已失去了当初平和的心态，他们无视暴力和流血，对别人的苦难幸灾乐祸。虽然公元1世纪的罗马帝国表面上非常强盛，领土甚至远超亚历山大帝国，但实际上，那里的人民贫困而疲倦，整日疲于奔命，他们的劳动所得不能为自己所有，过着牲畜般的生活直至绝望而死。

　　时间慢慢过去，在罗马作为一个国家存在的第753年，居住在巴拉丁山宫殿中的恺撒和屋大维每日都忙于处理国事，而在叙利亚某个偏僻的小村庄中，马利亚——木匠约瑟夫的妻子，每天都在看着自己的孩子——一个在伯利恒马槽中出生的男婴，一点点地长大。

　　怎么说呢，这个世界真的很奇妙，在未来的某一天，马槽遇到了王宫，那将会发生什么样的故事呢？

•人类的故事

第二十四章　关于约书亚的那些事

在本章中，我们将一起去希腊人敬奉的耶稣——拿撒勒人约书亚的世界探秘。

公元62年的秋天，罗马已经建城815年了，居住在罗马的外科医生埃斯库拉庇俄司·卡尔蒂拉斯，给他的外甥，一名在叙利亚的步兵团服役的小伙子，写了这样一封信：

亲爱的外甥：

最近，一位名为保罗的病人，将我请到他家中，去给他做治疗。这位罗马公民属于犹太族，有着良好的修养和优雅的仪态，据说他之所以来到这里，完全是因为一桩诉讼案所迫。详细情节我也不很明了，但听说保罗并不是一个友善的人，他之所以被撒利亚或东地中海某地法庭起诉，是因为他曾发表言论，表示对人民和法律的不满。然而，他站在我面前，却给人一种诚实守信而又才华横溢的感觉。

我有一个曾为小亚细亚驻军服务的朋友，据他介绍，保罗曾在以弗为新的上帝传教。我特意向这位患者求证这一切的真实性，同时还表达了我关于他号召人民共同反抗皇帝的疑问。保罗解释，存在于他演讲中的那些国度，属于另外一个世界，而且他还向我讲述了很多莫名其妙的事情——我认为，他之所以会这样，完全是因为他在发高烧。

但无论如何，我对他高洁的品性记忆非常深刻，不幸的是，前几日，他在奥斯提亚大道上被人杀害了，我感到难过极了。现在，我写信来，是为了让你帮我在耶路撒冷打听一下和我朋友保罗及他所尊崇的那位犹太先知弥赛亚有关的事。在听说这位救世主后，我们的奴隶们兴奋极了，其中部分人甚至为了在公共场合谈论这个新国度而被钉死在十字架上。我迫切想要得知事实究竟是怎样的。

舅舅　埃斯库拉庇俄司·卡尔蒂拉斯

过了四十天左右，埃斯库拉庇俄司·卡尔蒂拉斯收到了外甥——高卢第七步兵团上尉格拉丢斯·恩萨的回信：

亲爱的舅舅：

按照您在信里的吩咐，我收集了一些信息。

半个月前，我刚好随部队奉命前往耶路撒冷，在上世纪，这座城市经受了太多次革命的洗礼，所有的城池都被战火给焚毁了，老建筑也几乎都毁坏了。我们在这里待了差不多四个星期，将在明天出发前往佩特拉，听说有一些阿拉伯部落生活在那里，总是骚扰村庄。今天给您回这封信，是为了向您汇报一些我所掌握的信息，但请您不要期望过高，因为这些信息并不详尽。

通过和这里大部分老人沟通，我了解了一些可靠的信息。前几天我在从一个商贩那里购买橄榄时，从他那里得知，他曾经在父亲的带领下，去耶路撒冷城外的那些小山观看过弥赛亚被执行死刑的情景。父亲告诉他说，一定要遵守法律，要是和犹太人民对立，就将受到同样的惩罚。他把弥赛亚曾经的好朋友约瑟夫的地址给了我，并再三叮嘱要想了解更多和弥赛亚有关的情况，找约瑟夫是最好的选择。所以我就在今天上午拜访了约瑟夫，过去他是一个渔夫，现在虽然年纪大了，但还是保持了良好的思维能力和记忆力，他向我讲述了我还没有出生前的那个时代的故事。

当时，著名的提庇留担任着皇帝，彼拉多的身份是犹太与撒玛利亚地区总督。约瑟夫并不是很了解彼拉多，但可以确定的是他在任期间名声十分不错，而且人很诚实。根据罗马历，不是783年，就是784年，彼拉多受命前往耶路撒冷控制一场暴乱。这场反对罗马政府的革命，是由木匠约瑟夫的儿子（前文中有提到）策划的。但令人费解的是，对于这件事情，消息灵通的情报员竟然毫无知觉，在全面调查后，人们得出了结论：这个年轻人十分守法，不应该受到任何指控，对于这份报告，犹太教的元老们并不认同，他们非常嫉妒这个广受希伯来贫穷百姓欢迎的年轻人。所以，他们向彼拉多报告称，这个"拿撒勒人"曾在公共场合表示，所有努力过高尚生活的人，都是品德和那些投入毕生心血学习摩西律法的犹太人一样高贵的人。彼拉多起初并未留意这些事，但当人们要私刑处死耶稣及他的追随者时，他决定想方设法拯救这个年轻人的生命。

对于这场争论的实质，彼拉多似乎并不清楚，犹太祭司们向他报告了他们厌恶

人类的故事

这个木匠的儿子的原因：这个年轻人是"异端""叛徒"。后来，彼拉多派人带来了拿撒勒人约书亚，也就是希腊人口中的耶稣，在几个小时的交谈后，彼拉多了解到，耶稣并不关注政治，他更关心的是人的灵魂，希望人们可以友爱相处，敬奉人类的父亲上帝。

对于斯多葛学派及诸多希腊哲学家的思想，彼拉多曾经投入了很大的精力进行研究，但对于耶稣的言论，他似乎并未找到煽动人心之处。为了拯救这位先知的性命，彼拉多始终拖延给耶稣定刑的时间，但是，在祭司们的不断煽动下，犹太人的情绪彻底失控了。过去，耶路撒冷出现过不少次骚乱，所以周边的罗马士兵渐渐变少了，人们指控彼拉多总督沦为异端的牺牲品的报告递交到该撒利亚的罗马政府，请愿将"已经和罗马帝国皇帝敌对"的彼拉多召回并撤职。对于驻扎海外的总督，我们的政府明确规定不能和当地人产生摩擦。为了维护国家的稳定，彼拉多不得不处死了约书亚，视死如归的约书亚宽恕了那些厌恶自己的人，并在耶路撒冷人民的欢呼声中，在十字架上结束了自己的生命。

约瑟夫是哭着向我讲述这个故事的，他非常悲伤。原本我在告别时赠送给他一枚金币，但他拒不接受，而是希望我可以将金币送给更加困苦的百姓。另外，关于你的朋友保罗，他并没有过多的了解。过去，保罗似乎从事的是做帐篷的职业，但是为了专心宣扬自己信奉的上帝，他放弃了那份工作，他口中的上帝，和犹太祭司们口中的耶和华，是两个完全不同的人。保罗之后游历了希腊、小亚细亚的不少地方，向奴隶们宣扬，无论贫贱还是富有，只要为诚实的生活而努力，尽力帮助受苦受难的人，都可以拥有进入天国的资格，在他们共同的仁慈的父亲的指引下，过上幸福的生活。

这就是我所知道的全部情况，希望可以解答您的疑问。不管怎样，我都并不觉得这个故事会危及帝国的安全，但是，作为罗马人，我们的确无法完全理解这里人们的想法。另外，对于你朋友保罗的死，我感到十分遗憾，此刻真希望自己能在家中为他默哀。

您的外甥 格拉丢斯·恩萨

第二十五章　帝国最后的辉煌

由盛而衰，这是事物发展的必然规律。在空前的繁盛之后，罗马帝国也一步步走向了衰落。

关于罗马帝国灭亡的年份，古代历史教科书的记录是罗马最后那位皇帝下台的476年。但是，就像帝国的形成并非一朝一夕之事，罗马的灭亡也经历了很长的时间，因此，大部分罗马人并未对这件事情有所察觉。虽然社会的动荡、生活的艰难、工人微薄的薪水和奸商们的垄断行径、城市管理者的横征暴敛，都使他们十分感慨，但是他们中的大部分人还是过着安稳幸福的日子，而这种状态持续了近400年。当然，不管在哪个时代，都会出现有人因饥饿而死的情况，所以人们依旧没有察觉到自己热爱的祖国，已经在衰落的路上越走越远。

四通八达的交通网遍布各个省份，社会治安也十分稳定，边境有重兵把守，向帝国进贡纳税的人遍布全世界……不管在哪一方面，罗马帝国所展示出来的景象都是辉煌繁荣的，人们不可能在这种情况下产生危机感。但是，就像上文中介绍的那样，强盛的罗马帝国已经开始从根基逐渐腐烂，甚至没有人能够找到导致它衰败的真正原因，这就使得这个帝国的灭亡变得无可逆转。

一直以来，罗马的本质都和古希腊的雅典或者科林斯等城市一样，是一个城邦，它的能力用来统治意大利半岛是绰绰有余的。然而，罗马的政治实力并不足以担当起文明世界统治者的重任。在连年不断的战争中，罗马失去了大部分年轻人，而繁重的军役和赋税也击垮了那里的农民，使他们沦为乞丐或农奴，地位也变得像树木和牲畜一般。

罗马以帝国的繁盛为终极目标，帝国高于万物，但一般平民毫无地位。当谦虚的拿撒勒木匠保罗前来宣扬福音时，奴隶们异常兴奋地聆听，并由此变得更加服从主人的命令。但是，在清楚地知道当前社会并非理想的容身之所的情况下，奴隶们已经无法在现实世界中找到任何寄托。他们只希望死后可以进入天堂，为此，他们甘愿忍受痛苦的生活。不过，他们是不会再为罗马帝国服务的，因为他们知道，帝国只是皇帝为了更大的野心，而不断侵略苏格兰、帕提亚、努米底亚等地的工具。

几个世纪后，国家的局面越来越失去控制，起初的几位罗马皇帝还在沿袭"领袖"的做法，赋予部族领导权力，让他们自行管理自己的属民。但到了二三世纪，职业军人成了罗马皇帝职位的"承包者"，这些皇帝全靠忠诚的禁卫军来保护。野心勃勃的人为了登上帝王的宝座，甚至不惜谋杀当时在位的皇帝，而且，在很长一段时间内，这种情景不断循环上演着。

同时，帝国的北方边境不断遭受着野蛮部族的侵犯，因为当时的罗马已经没有士兵可以战斗了，不得不雇佣外国士兵来御敌。显然无法排除这些外国士兵来自敌对国的可能性，当交战时，对自己种族的同情心容易使他们无法发挥真正的实力。皇帝最终出台新政策，接受部分野蛮部族定居罗马帝国，其他部族也渐渐地前来落户，但没过多长时间，他们就再也无法忍受那些罗马税吏对自己财物的侵占。在国家没有对他们的反抗做出回应的情况下，为了让皇帝听到自己的声音，他们集体涌进了罗马。这类事情的频繁发生，使得罗马——帝国的首都再也不复当初舒适的状态，所以皇帝君士坦丁决定将首都迁到拜占庭——欧亚间通商的必经地，并以君士坦丁堡来对其加以命名。为了更好地对国家加以管理，君士坦丁的两个儿子在他离开人世后，分别占据了罗马帝国的一半，哥哥成为帝国西部的统治者，驻守罗马；弟弟成为帝国东部的统治者，驻守君士坦丁堡。

匈奴人在4世纪到达了欧洲，在长达两个世纪的时间里，这支雄壮的亚洲骑兵横扫了欧洲北部，一直在进行扩张。454年，他们被击溃在法国沙隆的马恩河附近。对于居住在多瑙河附近的哥特人来说，匈奴的大军侵犯是一个极大的困扰，出于生存所迫，他们只好向罗马境内迁徙。为了抵御哥特人的入侵，378年，瓦伦斯皇帝战死在阿德里安堡。22年过去了，国王阿拉里克率领同一批西哥特人向罗马挺进，这一次，他们焚毁了几座宫殿。但紧随其后的汪达尔人就没有那么仁慈了，他们毫无怜悯之心地摧毁了罗马。接下来，漫无止境的侵略接踵而来，阿勒曼尼人、勃艮第人、法兰克人、东哥特人……罗马彻底沦为野心家们手上的玩物。

西罗马皇帝于402年逃到海港城市拉韦纳，那里拥有非常完善的防御措施，475年，日耳曼雇佣军的指挥官奥多亚克曾经在那里密谋侵吞意大利。为了达到这一目的，他制订了十分周详的计划，在废黜西罗马帝国最后一任皇帝罗慕鲁斯·奥古斯都路斯后，成为罗马的新主宰。与此同时，东罗马皇帝也在为国内事务忙得不可开交，实在没有经历顾及西部，最后只好接受了既定事实。就这样，在接下来的十年间，奥多亚克一直都是西罗马帝国所有省份的统治者。

这个刚刚建立的王国，在几年后就受到了东哥特国王西奥多里克所率部队的侵袭，奥多亚克也在拉韦纳遭到了杀害。很快地，一个哥特王国就在西罗马帝国的废墟上崛起了，统治者是西奥多里克，但他的王位也没有保持很久。众多阿瓦人、斯拉夫人、撒克逊人、伦巴德人在6世纪联手向意大利发起了进攻，哥特王国沦陷了，一个新的国家以帕维亚为中心建立起来。

在多年燃烧的战火的焚烧下，罗马帝国的首都最后成为废墟，侵入的外敌反复劫掠着那些古老的宫殿，焚烧教书育人的学校，将富人逼迫成野蛮人。由于年久失修，罗马帝国的大道和桥梁也早已荒废。过去繁荣的商业贸易不复存在，强盛的意大利只剩下断壁残垣，在几千年的岁月里，埃及人、巴比伦人、希腊人、罗马人所创造的举世瞩目的世界文明，也濒临灭亡的边缘。

但是，在接下来的1000年时间里，罗马帝国的中心——坐落在远东的君士坦丁堡，还是顽强地坚持了下来，然而它实在无法被看作欧洲大陆的一分子。无论在思想上还是在物质上，它都更贴近东方，而不是自己的出生地欧洲。渐渐地，希腊语取代了拉丁语，希腊字母取代了罗马字母，而那些用希腊文撰写的罗马法律，需要由希腊的法官来注释。东罗马的皇帝由此拥有了至高无上的地位，人们敬奉他如三千年前尼罗河河谷的百姓敬奉底比斯国王。而拜占庭的传教士也不断向东行进，向俄罗斯的荒野传送着拜占庭的文明。

此时，蛮族掌握了西罗马帝国的统治权。在十二个世代左右的时间里，主宰世界的基本原则是战争、抢劫等可怕的词语。但一个新的群体出现了，那就是一个在很长时间内木匠耶稣的信徒团体。你知道，这个拿撒勒人曾经牺牲自己的性命，使罗马帝国免于承受某个叙利亚小城市暴乱的影响，而欧洲文明的幸免于难，也和这一切有脱不开的关系。

第二十六章　基督教会的建立

基督教世界，以罗马为中心迅速建立起来。

◎ **新教徒的诞生**

对于那些在罗马时代生活的一般知识分子来说，他们的先祖供奉了许多个世纪的神，并不能引起他们的兴趣。但是，在信仰之外，出于对习俗的尊重，他们每年还是会定期拜访神庙。如果人们为了对某个盛大的宗教节日表示庆祝，而举行大规模的游行，他们基本上只充当旁观者，而不是参与者的角色。他们认为，罗马人敬仰众神之王朱庇特、智慧女神密涅瓦、海神尼普顿并无依据可循，而只是延续了共和国的习俗。但凡是了解伊壁鸠鲁、斯多葛学派等雅典哲学思想的知识分子，都不会将这些作为课题。

在这种观念的引导下，罗马人十分宽容地对待宗教信仰。根据政府推出的法律条文，只要是罗马居民，都要尊敬神庙中敬奉的皇帝像。现在，不少美国邮局里还是会挂着总统画像，供人们行注目礼。但这仅仅是一种毫无意义的形式，通常来说，所有的罗马人都可以自由选择喜欢的神祇，而作为这种宗教政策的结果，罗马涌现出了形形色色的神庙和教堂，供奉着来自不同地区和国家的众多神祇。

在首批耶稣信徒们来到罗马，宣扬"爱人如己，四海皆兄弟"的教条时，他们也没有遭到任何质疑。随着时间的推移，越来越多的人前来聆听这种新鲜的布道。作为一个繁荣的帝国首都，罗马城里活动着众多的传教士，他们宣扬理性，希望人们追随自己所敬爱的神，并从中获取永恒的快乐。

很快地，人们发现所谓的"基督徒"在讲述一种闻所未闻的教义，他们并不提倡财富、地位，而是极力褒扬谦虚、顺从等美德。但罗马可不是凭借这些美德成为世界强国的，在罗马人看来，在这种天下太平的年代，竟然有人向自己宣扬太平盛世无法赋予他们持久的欢乐，这简直有趣极了。

与此同时，那些基督教的传教士还宣讲，如果人们拒绝倾听真神之言，就会遭遇悲惨的未来。显而易见地，人们不能总是期待命运的眷顾，罗马的旧神仍旧未曾远离，但他们能否继续对自己的追随者加以庇护，又是否能够对抗这位从亚洲国度远道而来的新神呢？在恐惧和怀疑的驱使下，人们皈依基督，试图更进一步解开这些教义的奥秘。经过和宣传基督教的人近距离接触，他们发现这些基督教徒过着清贫的生活，毫不贪慕钱财，而且充满爱心，时常救助那些有需要的人。罗马人渐渐被这种无私奉献的精神所感动，并以这些基督教徒为榜样，投身到基督徒的圈子里，这样一来，罗马的庙宇就再也没有什么人光顾了。

◎ **教会是如何发展壮大的**

在基督教徒日复一日的传教中，他们的团体不断扩大，为了对小社团信徒的利益加以保护，他们推选出神父或者长老，并在每个省设置一位主教，担任当地所有基督教社团的首领。彼得是继保罗后第一个到罗马传教的，他也是首任罗马主教，过了一段时间后，彼得的继任者被信徒叫作父亲或爸爸，并被冠以"教皇"的称号。

渐渐地，作为一个重要机构，教会在罗马帝国的影响力变得越来越大。在吸引了大批不再对现实世界抱有希望的人之外，基督教义还成为大批不得志的能人的追捧对象。由于无法在政府中施展才华，这些能人将自己的才能都挥洒在拿撒勒人耶稣的追随者中。最后，政府只好重视并接受基督教。就像上文介绍的那样，原则上，罗马政府并不限制人民敬奉神的行为，但也提出了所有宗教和谐共存的要求。

然而，基督教的社团并不愿意接受这些宽容与妥协，他们坚持认为，在宇宙与尘世间只有一个主宰者，那就是他们的上帝，而其他的神都带着欺骗色彩。显而易见，对于其他宗教来说，这种言论有失公正，甚至导致了警察的介入，但基督教徒们并未因此放弃。

一段时间后，出现了更大的摩擦，基督徒们不愿意向罗马皇帝行礼，也不愿意接受帝国的兵役要求。在受到罗马当局的警告后，他们甚至表示，宁愿失去生命，也不愿意放弃自己的信念，人之所以来到这个悲惨的世界上，只是为了将来进入天堂。对于这种言行，罗马人感到大惑不解，除了偶尔处死那些太过分的基督徒外，他们也并未过多插手这件事情。教会最开始成立的时候，也曾有过基督徒被私刑处死的情况，但只发生在部分暴民中间。他们罔顾事实地指控基督徒，诬陷他们做下杀人、叛国等可怕的事情，由于清楚地了解基督徒不会对自己加以报复，他们疯狂地践踏着基督徒的生命。

此外，蛮族也不时地骚扰着罗马。就在罗马军队失去抵抗能力的时候，基督教传教士挺身而出，将他们所宣扬的和平福音，传递到野蛮的条顿人中。这些态度沉稳的忠实信徒，用他们恳切的言语感动了条顿人。一直以来，条顿人都是非常尊敬古罗马文明的，在他们看来，这些来自罗马的人所讲述的关于人死后在地狱里受苦的情形，或许都是事实。基督教传教团就这样短时间内在生活着条顿人和法兰克人的蛮荒之地上，凝聚了一支有力的力量。相比于整个罗马军团，六个传教士有着更加震撼人心的力量。罗马皇帝由此意识到，对于帝国的生存来说，基督教大有裨益。因此，在部分省份，基督徒们的权利和敬奉古老宗教的人们是相同的。而到4世纪的下半叶，局势发生了真正的转变。

◎ 君士坦丁大帝受洗

当时，罗马的统治者是君士坦丁皇帝，这位在280年至337年掌握着罗马统治大权的皇帝，也被人们叫作君士坦丁大帝。不可否认，这位暴君非常恐怖，但那是一个并不和平的年代，如果皇帝过于心地仁厚，恐怕没有办法长期胜任。君士坦丁在自己的一生中，历经了许多坎坷，在某次几乎要被敌人打倒时，他突发奇想：不如信仰那位人人都津津乐道的亚洲上帝，感受一下他的威力。同时，他立下誓言，假设取得了这场战役的胜利，他将成为上帝的信徒，很快结果出来了，他果真成了这场战争的最后赢家，并由此对基督教上帝的权能深信不疑，在接受洗礼后，成了一名彻彻底底的基督教徒。

而得到罗马政府认可的基督教，在地位上也得到了极大的提升和巩固。但是，在罗马总人口中，基督徒的人数仅占5%~6%，依然不占多数。为了将所有的群众都吸引到基督教中来，基督徒们把全部的旧神都摧毁了，坚决不妥协地要将上帝推崇为世界唯一的主宰。当时有位十分尊崇希腊文明的皇帝朱利安，为了保护异教的神庙不受破坏，他做了很多努力，但很不幸地，在某次征讨波斯时，他战亡了。他的继承者约维安皇帝，将基督教的权威推上绝对的地位，所以，那些古老的异教神庙不得不逐渐退出历史舞台。随后，皇帝查士丁尼命令永久关闭修建在柏拉图的古老的雅典学院,并在君士坦丁堡建起一座圣索菲亚大教堂。

由此,古希腊世界终结了,人们能够根据自己的意愿去思考、行事的时代也结束了。原来的规则被野蛮和无知所摧毁,古希腊哲学家的行为规范已经无法引领生活之船前行,人们也渐渐不再以之为生活准则,而是去寻求某些更加实用的东西,这一切,教会都将给他们带来。

◎ **基督教的巅峰时刻**

在动荡的年代,唯一坚强地屹立着的,就是教会,不管面临怎样的危险,遭遇怎样的情势变迁,它始终坚持着神圣的真理和法则,绝不妥协。就是这种坚持,使得教会受到了人民的尊崇,并帮助它自身顺利避开了那些给罗马帝国带来毁灭性打击的事件。

但是,基督教之所以成为最后的赢家,也不能排除命运的眷顾。西奥多里克建立的哥特王国在5世纪沦陷后,相对地,意大利的外忧也不再那么多了。在哥特人之后,一些实力相对薄弱的部落如斯拉夫、撒克逊、伦巴德等,曾先后统治过意大利,罗马的主教们得以在如此自由的局势下,继续掌握着城市的自主权。很快,众多存在于意大利半岛上的小国家,也对罗马主教——罗马大公的地位给予认可,将其奉为政治和精神上的领袖。

历史环境已经相当成熟了,590年,一位新的强者出现了,那就是格列高里。这位旧罗马贵族曾担任过罗马市市长的职位,有过"完美者"的称号。后来,他从僧侣一步步登上主教的位置,最后,虽然他本人非常不乐意,但还是被推上了圣彼得大教堂教皇的位置。从此,他就和自己当初做一名简单的传教士,去向英格兰的异教徒布道的愿望渐行渐远。他担任教皇只有短短的14年,但在他离开人世后,整个西欧基督教世界都接受了教皇——罗马主教在基督教会至高无上的统治者。

但是,罗马教皇并没有向东方延伸自己的势力,罗马的旧传统依旧在东罗马帝国的君士坦丁堡沿袭着,东罗马皇帝,也就是奥古斯都和提庇留的继任者,掌握着国家和教会的绝对统治权。君士坦丁堡在1453年被土耳其人攻陷后,土耳其的士兵在圣索菲亚大教堂将君士坦丁·帕莱奥洛格——最后一位东罗马皇帝给杀害了,东罗马帝国彻底沦陷了。

数年前,左伊公主——君士坦丁·帕莱奥洛格的兄弟托马斯的女儿,和俄

● 人类的故事

罗斯的伊凡三世结了婚。于是，君士坦丁堡的继承权落到了莫斯科大公的手里，现代俄罗斯的徽章中也体现着拜占庭的双鹰标志，而大公呢，也从单纯的俄罗斯首席贵族，一跃成为和罗马皇帝一样享有至高无上地位的沙皇，所有的人都成了他的奴隶。

沙皇宫殿的风格是东方的，这种亚洲和埃及风格，外表看起来像亚历山大大帝的王宫，是由东罗马皇帝引进的。这份以旺盛的精神面貌在俄罗斯的辽阔疆域上屹立了六个世纪之久的珍贵遗产，是拜占庭帝国留给后世的。双鹰标志皇冠的最后一任佩戴者，是沙皇尼古拉二世，后来他和自己的孩子们一起被谋杀了，而那些他所拥有的古老特权也遭到了废除。在俄罗斯，教会的地位又回到了罗马时代，那是君士坦丁之前的时代。

但是，罗马的天主教会有着毫不相同的境遇，接下来，我们将去了解一位在阿拉伯放牧骆驼的先知，以及他对基督教世界所构成的威胁。

第二十七章　阿拉伯沙漠上的先知
——穆罕默德

在成为阿拉伯沙漠上的先知后，穆罕默德的追随者们在不断追寻真主安拉荣耀的过程中，近乎将全世界都征服了。

◎ **出生地——麦加**

光荣的闪米特种族，在迦太基和汉尼拔交战后，渐渐退出了人们的视线。假设读者朋友还记得的话，本书在关于古代世界的章节中，曾经提到过他们的英勇事迹。在长达三四千年的时间里，主宰着西亚的众多民族如迦勒底人、犹太人、亚述人、腓尼基人、巴比伦人、阿拉米尔人等，都属于闪米特种族。后来，在来自西部印欧种族的希腊人和来自东部的波斯人的联手攻击下，他们失去了主宰权。针对地中海的领导权，罗马和迦太基城——腓尼基人的非洲殖民地，在亚历山大大帝离开人世一百年后，发生了一场争夺战。在接下来的八百年时间内，彻底击溃迦太基的罗马人，登上世界统治者的位置。

7世纪，历史的舞台迎来了一群新的表演者，那就是在阿拉伯沙漠里游牧的牧羊人部落，性格极其温和的阿拉伯人登上历史舞后，极大地挑战了西方世界的权威。一开始，他们并没有表现出征服帝国的意思，但后来在穆罕默德的引导下，他们开始了远征的道路。阿拉伯骑兵在几十年的时间里，就逼近了欧洲的中心，将穆罕默德所推崇的信条——"安拉的先知"，以及唯一的"真主安拉"的事迹，带到法兰西农民面前。

作为阿卜杜拉和阿米娜的儿子，他被世人敬称为"应该受到赞美的人"——穆罕默德，他一生的经历简直可以写成一个传奇故事。他的出生地在麦加，最初从事商业，由于患病，他经常会梦见一些奇怪的事情：大天使加伯列在向他讲述什么事情——《古兰经》里有相关的记载。作为商业的领袖，穆罕默德和基督教的生意人及犹太商人保持着十分亲密的联系，他的足迹遍布阿拉伯的每一个角落。

●人类的故事

在和那些商人的接触中，穆罕默德发现如果所有的人都敬奉同一位神，将会带来很多好处。在那时候，阿拉伯人敬拜那些怪异的石头和树干，这是从他们祖先那里沿袭下来的传统。就算是现在，你也可以在麦加圣城的一座方形神殿里看到他们供奉的许多器物。

穆罕默德立志要做阿拉伯人的摩西，但他深知要想成为先知，首先要做到的就是专注。所以，他和自己的雇主赫蒂彻——一个非常富有的寡妇结了婚，并由此得到了经济上的保障。然后他向身边的人宣称自己是真主安拉的使者，是人们期盼已久的能够拯救世界的先知。起初，邻居们并没有把他的话当回事，反而对他进行嘲讽。然而，穆罕默德坚持不懈地宣扬着自己的观点，这使人们产生了杀害他的念头。得知这个阴谋后，穆罕默德连夜带着自己最信任的学生艾卜·伯克尔从家乡逃往麦地那。那是在622年，也是伊斯兰教历史上最关键的时刻——纪念穆罕默德来到麦地的穆斯林纪元。

◎ 关于圣书《古兰经》

在麦加城——穆罕默德的故乡，所有人都认识这位商人，但麦地那的人民对他毫不了解——对于他作为先知推广传道的事业来说，这是大有裨益的。很快就有越来越多的人成为他的追随者，这些"顺从神旨"的信徒被叫作"穆斯林"。在伊斯兰教的教义中，最应该受到宣扬赞美的品德就是"顺从神旨"。穆罕默德的力量随着时间的推移而不断增强，于是，他组织了一支由麦地那人组成的军队，不费吹灰之力地征服了麦加城，以此来报复当初那些对他和他那神圣使命不屑一顾的人。从此以后，人们就对穆罕默德伟大先知的身份深信不疑了，而穆罕默德的事业也进展得十分顺利，直到他生命的尽头。

在两方面因素的作用下，伊斯兰教赢得了最后的胜利。其一，穆罕默德用一种简单易懂的方式来向追随者们宣扬自己的教义。在教化信徒时，他表示一定要对安拉——宇宙的主宰、唯一的真神忠心不二；一定要谦虚谨慎而又诚实地对待自己的邻居；一定要无私地帮助穷人和病人；一定不能违逆父母的意愿；一定不能在吃用上花费大笔金钱；一定不能饮用烈酒等。和基督教里那些需要人们供养的传教士和主教，也就是"看护羊群的牧人"不同的是，伊斯兰教只是用坚固的石头修筑成清真寺作为穆斯林的教堂，信徒们能够自发地在这个不具备桌椅板凳的大厅里聚会，研习圣书《古兰经》。但通常来说，穆斯林对遵守伊斯兰教的戒条和规矩甘之如饴。他们每天都会望着圣城麦加的方向进行五次祷告。而他们的其他时间呢，也是交给安拉来安排的。在这种生活态度的指引下，每个穆斯林都感到平和而满足，他们并没有过多的欲望，而是以一种非常美好的姿态来对待所有人、所有事。

◎ 成为欧洲的主宰者

穆斯林之所以战胜了基督徒，还有一个重要的因素，那就是在和敌人交战时，穆斯林士兵始终没有忘记过自己的信仰。他们得到穆罕默德的许诺，如果战死沙场，将会直接升入天堂。所以，他们毫不畏惧地直面死亡，相比于漫长痛苦的人世，人们似乎更喜欢那个缥缈的美好国度。在和十字军对峙时，穆斯林从这种信念中得到了极大的激励。而与之相反的是，十字军极其害怕黑暗的地狱，为了尽可能地享受人生，他们愿意付出一切。这同时也是现在的穆斯林士兵仍旧不畏艰险地攻击欧洲人的原因。

在那座专属于自己的宗教建筑落成后，穆罕默德就坐在高高的位置上，开始享受众多阿拉伯部落的敬奉。但是，这座大厦的基石是众多人民所丧失的权利。穆罕默德专门推出了一系列政策来护卫富人阶层的利益，以此笼络富人阶层。其中一条就是允许他们拥有四个妻子，当时，男子得到妻子的手段就是自女方父母处直接购买，所以，想要拥有一个妻子已经十分不容易了，只有那些非常富裕的人才有可能拥有四个妻子。

伊斯兰教的创立，是为荒凉大漠中那些劳苦牧人服务的，但随着时间的推移，它的服务对象成了城市富商。对于穆罕默德的伟大事业来说，这种转变并不是一件好事，而在632年6月因患热病突然离世前，这位先知都在为了自己的光辉事业，为宣扬真主安拉的真理不懈奋斗。

"哈里发"在穆罕默德去世后，成为新的"穆斯林的领袖"。而穆罕默德的第一位继承人是阿布·贝克尔——和他出生入死，一起打拼创业的岳父，这位新继承人在两年后离开了人世，把统治权传给了欧玛尔。欧玛尔的大军在不到十年的时间里，相继将叙利亚、埃及、波斯、巴勒斯坦、腓尼基等地纳为己有，并以大马士革为首都，打造了首个伊斯兰大帝国。

穆罕默德的女婿阿里，在欧玛尔死后，登上哈里发的宝座，后来，他被谋杀在一场关于伊斯兰教义的争论中，哈里发从此成为世袭制，过去的宗教领袖掌握了大帝国的主宰权。新的首都——一个被称作巴格达的地方,坐落在幼发拉底河河畔的城市,在巴比伦遗址附近建立起来,而那些阿拉伯的牧民也被训练成骑兵兵团,为了将穆罕默德的信条推广到异教徒中而四处征战。

穆斯林大将军泰里克于700年穿过赫丘利峡谷,抵达欧洲海岸的悬崖峭壁,并以直布尔对其进行了命名,那便是后来的直布罗陀,也称作泰里克山。11年后,泰里克将西哥特国王的军队击溃在泽克勒斯战役中,并由此顺着汉尼拔挺进罗马所走过的路继续北征,直到越过比利牛斯山。按照计划,阿奎塔尼亚大公将在波尔多一带对穆斯林军队进行袭击,可惜失败了,穆斯林骑兵朝着巴黎挺进。穆罕默德死后一百年,也就是732年,欧亚大会战在图尔和普瓦捷间爆发,穆斯林部队被打垮。

图4

就在那一天,铁锤查理——法兰克人领袖查理·马特,将整个欧洲解救了出来,使穆斯林征服基督教世界的情况得以避免,同时,他将穆斯林军队从法兰西驱逐出去,然而,西班牙依旧在他们的统治下,欧洲中世纪闻名遐迩的科学和艺术中心——科尔多瓦哈里发国在那里成立,统治者是阿卜杜勒·艾尔·拉赫曼。在长达七个世纪的时间内,西班牙都处于这个穆斯林帝国的掌控下,由于它的统治者出自摩洛哥的毛里塔尼亚地区,历史上将其命名为摩尔王国。

1492年，格拉纳达——穆斯林在欧洲的最后据点沦陷，西班牙皇室委任哥伦布去寻找新大陆，一段时间后，穆斯林部队将亚洲和非洲的部分辽阔土地划到自己的版图中。

第二十八章　查理曼大帝

穆斯林吞并欧洲的雄心壮志，被著名的普瓦捷战役瓦解，然而，随着罗马警察的消失，欧洲也陷入了难以逆转的混乱局面，这是欧洲最大的内部敌人，使欧洲的安全面临着极大的考验。实际上，对于威望极高的罗马教皇，欧洲北部那些新加入基督教的民族有着强烈的尊崇之心。然而，这位教皇并没有因此而获得安全感，他时常担心罗马城会受到突然崛起的野蛮部落的攻击，为了在危难关头能够确保自己的安全，他意识到寻找一位强大同盟者的必要性。

为了尽快找到自己想要的盟友，教皇们制订了周密的计划，并最终将目光锁定在一个日耳曼部落上。在罗马帝国沦陷后，欧洲的西北部一直都处于这个名为法兰克部落的控制下。451年，这个部落的国王墨罗维西率兵和罗马人联手，严惩了那些纵横欧洲的匈奴人。随后，这位国王的子孙打造了墨罗温王朝，并将罗马帝国的大片领土据为己有，而国王克洛维斯（古法语所谓的"路易"）在486年已经具备了足以和罗马人抗衡的实力，但是，他的子孙却没有这样的魄力，而是将国家政事全盘交由"宫廷管家"——宫相来管理。

杰出的查理·马特有一个儿子，人们称之为"矮子"丕平，这个年轻人承接父亲宫相的职务后，发现自己的国王——一个纯粹的神学家，已经完全献身于上帝，对政治半点兴趣也没有，这使丕平感到无可奈何，只好求助于教皇。显然，教皇是一个十分务实的人，他指点丕平说，应该由实际掌控的人来负责国家的政权。丕平马上清楚了教皇的意思，便用尽一切方法游说墨罗温王朝最后的国君——蔡尔特里克献身于神职，随后，他得到了其他日耳曼部落首领的拥戴，登上了法兰克国王的宝座。不过，这位精明能干的新国王的野心并不止于此，相比于日耳曼部落首领的荣誉，他想要的实在太多了。很快地，他费尽心力地安排了一个盛大的加冕仪式，博尼费斯——来自西北欧的最著名的传教士，在仪式上将膏油涂抹在他身上，并以"获得上帝恩许的国王"称呼他——从此，在加冕仪式中，"上帝恩许"这个词由此存在了近一千五百年。

对于教会的大力协助，丕平充满了感激之情，为此，他曾经为了和教皇的敌人对抗前后两次远征意大利。从伦巴德人手中，他劫掠了拉维纳和其他几座城市，作为礼物呈给神圣的教皇陛下。得到这些新征服的领土后，教皇将其归到"教皇国"的行列，在很长一段时间内，这个国家都是以一种独立的形态存在的。

法兰克国王没有在同一地点办公的习惯，而是常常带着大臣和官员们四处搬迁。随着丕平的离世，英格尔海姆、尼姆韦根、埃克斯-拉-夏佩勒等人和罗马教会间建立了日益亲密的关系，最后，教皇和国王经过商议，决定实施一个关乎欧洲历史进展的计划。

人们口中的查理曼、卡罗勒斯·马格纳斯，也就是查理，在768年登上了王位，成为新一任的法兰克国王。查理曼将德国东部的撒克逊人击溃后，占领了他们的领地，并将城市和教堂建造到欧洲北部。在阿卜杜勒·艾尔·拉赫曼敌对方的邀请下，他向西班牙的摩尔人发起了猛烈的攻势，不过在比利牛斯山附近遭到巴斯克人的阻击，只好撤退。在这生死存亡的关键时刻，为了掩护皇家军队，布列塔尼亚的侯爵罗兰挺身而出，带着他的忠诚部属和敌人展开了决战，最终全部光荣牺牲。法兰克贵族罗兰这种效忠于国王的精神，赢得了欧洲人民的广泛赞誉，成为后代骑士们效仿的对象。

但是，查理曼在8世纪的最后一个时代，将所有的力量都投入到解决欧洲南部层出不穷的冲突上。暴徒们袭击教皇利奥三世后，以为他已经丧命，就将他随意丢弃了。后来，教皇得到了好心的过路人的帮助，不仅治好了伤，还成功地逃到了查理曼的军营。查理曼马上就派部队将罗马城的内乱解决了。而在法兰克士兵的护卫下，利奥三世重新回到拉特兰宫——这里从君士坦丁时代起一直都担任着教皇的住所。在教皇被袭事件后的第二年，即799年的圣诞节，查理曼在罗马的圣彼得教堂参加一个盛大的祈祷仪式，在查理曼结束祷告将要站起来时，教皇在他的头上戴上了一顶早已准备好的皇冠，正式授予其"奥古斯都"的光荣称号——这个称号已经很久没有使用过了，并宣布他为罗马皇帝。

就这样，罗马帝国又一次拥有了欧洲北部，但当时一位大字也不识几个的日

人类的故事

耳曼部落首领——查理曼，拥有着帝国无上的尊严，在极短的时间内，这位英勇善战的人物将欧洲的和平与秩序都管理得井井有条。很快地，君士坦丁堡的东罗马皇帝——他的对手也开始向他流露出亲善的意思，将他叫作"亲爱的兄弟"。

令人遗憾的是，814年，这位充满智慧的老人离开了人世，他的儿孙在他死后，为了争夺遗产而大打出手，国家陷入连续不断的战火中。在843年和870年，《凡尔登条约》和签署于默兹河畔的《美尔森条约》，先后两次瓜分了法兰克王国的国土，而第二次，法兰克王国被彻底划分开来，变成两个部分：旧罗马时代的高卢行省及西半部分，由拥有"勇敢者"称号的查理接管，那里的居民早已开始以拉丁语为日常用语——现在，你知道作为一个地道的日耳曼民族国家，法国为何以拉丁语为主要语言了吧。

帝国的东半部分，一片荒凉的土地，日耳曼人口中的"日耳曼尼"成为查理曼另一个孙子的领地。屋大维——奥古斯都大帝曾一度试图征服这片始终不属于罗马帝国的土地，但在公元9年的条顿森林一战，他的军队遭受了惨重的打击，此后他就打消了这个念头。罗马先进文明的光辉，也因此没能照耀到当地居民的头上，他们还是以条顿方言为主要语言。人民在条顿语中写作"thiot"，因此，日耳曼使用的语言被基督教的传教士叫作"条顿人的语言""大众方言"，这个写作"teutisca"或"linguateutisca"的词，慢慢地演变为"Deutsch"，成为"德意志"（Deutschland）这一称呼的起源。

卡罗林王朝继承者们头上那顶帝国皇冠，一直都是人们觊觎的对象。后来，它重新落到意大利平原上，成为一众小君主、小权谋家争夺的对象。这些人为了将皇冠戴到自己的头上，展开了长时间的争斗，甚至不惜违逆教皇的意旨。后来，这顶皇冠落到了另一个强大的邻居的手中，可怜的教皇也成了战争中的一叶浮萍，在四面楚歌的情况下，他只好求救于位于北方的西法兰克王国，但那里的统治者未能接收到他的求救信号，所以，教皇不得不转而向阿尔卑斯山另一面的撒克逊亲王奥托——当时日耳曼各部落最杰出的领袖求援。

和日耳曼人相似的是，奥托十分欣赏意大利半岛的民风和环境，在得到教皇陛下的求助信后，他毫不迟疑地伸出了援手。作为回报，教皇利奥八世为他冠以"皇帝"称号，查理曼王国的东半部分由此成为"日耳曼民族的专属神圣罗马帝国"。

在长达839年的时间里,这一奇异的政治产物持续地显示了它顽强的生命力。这种情况一直维持到托马斯·杰弗逊登上美国总统的位置时,那是1801年,它才彻底退出了历史的舞台。彻底摧毁旧日耳曼帝国的,是一位来自法国科西嘉岛的公证员的儿子,这位野心家之所以能够步步攀升,是因为他在法兰西共和国服役期间取得了赫赫战功。他手下是一支凭借骁勇善战广为人知的近卫军军团——他成为欧洲事实统治者的得力助手,但是,他的梦想绝对不仅限于此。他筹划了一场盛大的加冕仪式,并派人从罗马请来了教皇,令人啼笑皆非的是,教皇在仪式中所起的作用,就是十分尴尬地以旁观者的身份观看这个小个子的家伙在自己头上戴上帝国的皇冠,随后宣称自己是查理曼大帝的继承人。这个个头矮小的家伙,就是举世闻名的拿破仑将军。

和人的一生一样,历史也充满了各种各样的变数,但唯一不变的,是总会有一条主线贯穿整个过程。

第二十九章　猖獗的北欧海盗

在公元10世纪，为什么人们都向上帝祈祷要远离北欧人的残害？

在三四世纪，居住在中欧的日耳曼人会不时地向罗马发动进攻，搜刮那里的财富来维持自己的生计。这种局面在8世纪出现了逆转，日耳曼人也开始扮演"被劫掠"的形象，这是他们十分难以忍受的，而那些抢劫他们的北欧人，正是他们居住在瑞典、丹麦、挪威等地的亲兄弟。

这些勤劳善良的水手究竟是为了什么原因走上海盗的道路的，直到现在也没有人能够说出个所以然来。在抢劫和做海盗所带来的乐趣的吸引下，北欧人再也不愿意从海盗的职业中解脱出来了。他们就像瘟疫，经常突袭法兰克人或弗里西亚人所居住的村庄，打乱那些可怜人的正常生活秩序。在国王或皇帝的军队赶到之前，他们会迅速杀死所有男人，将所有的妇女掠夺到船上，然后带着战利品离开。

国家在查理曼大帝离开人世后陷入混乱状态，北欧海盗的活动也更加失去控制。几乎所有的欧洲海滨国家都受到过海盗船队的袭击，沿着德国、英格兰、荷兰、法兰西的海岸线，那些水手成立了众多独立的小国，并向意大利发起了攻势。这群聪明的北欧人短时间内就掌握了自己征服民族的语言，将过去那种维京人的粗野行径给抛弃了。

维京人罗洛在10世纪初，对法国的沿海地区发动了几次侵略。面对这些来自北方的残暴强盗，软弱无能的法国国王毫无抵抗能力，只好采取贿赂的方式将他们收买为良民。他向强盗做出承诺，只要他们不再冒犯他的领地，就将诺曼底拱手相让。罗洛当然愿意做这笔买卖，他十分高兴地走马上任，成为"诺曼底大公"。

但是，流淌在罗洛身体里的那种征服的欲望，影响到了他的子孙后代。在那狭长海峡的对岸，距离他们仅有数小时航程的地方，静静地矗立着英格兰海岸高大的岩壁，遍布着一望无际的田野。在历史上，英格兰地区的艰难岁月是何其漫长而又难忘！最初，在200年时间内，处于罗马帝国的殖民统治下；紧随罗马人之后，盎格鲁人和撒克逊人这两个以欧洲北部的石勒苏益格为居住地的日耳曼部族，占领了这片土地；紧接着，英格兰的绝大多数土地落入来自海洋对岸的丹麦人手中，克努特王国随之建立起来；在长时间的反抗斗争后，英格兰人于11世纪终于赶走了丹麦人，继任王位的，是被称为"忏悔者爱德华"的撒克逊人，这位皇帝身体十分虚弱，也没有能够继承王位的后代，这使得诺曼底大公非常兴奋，他暗暗筹备着，想要发起一场王位争夺战。

哈洛德——威塞克斯王国的亲王，在爱德华于1066年去世后，接受了英格兰的王冠。而诺曼底大公筹划已久的征服英格兰的战争，也在不久后发动，并于黑斯廷斯一战中彻底打败了哈洛德。由此，诺曼底大公登上了英格兰国王的宝座。

在之前的章节中，我们已经了解过一个普通的日耳曼首领在公元800年取得了罗马帝国的皇冠，而一个北欧海盗的子孙在1066年登基为英格兰国王。相比于那些荒谬的神话，历史上的故事显然更加充满趣味，那么，阅读神话对于人们来说，又有什么意义呢？

第三十章　西欧的封建制度

在三个敌人同时逼近的情况下,欧洲中部彻底成了大兵营,假设不是骑士和封建体制,欧洲或许无法存留到今天。

◎ **日耳曼和法兰西的渊源**

在这里,让我们一起来了解一下欧洲世界在公元1000年时的局势。在那个时候,绝大多数欧洲人都处于一种非常痛苦的生活状态中,商业和农事的萎靡不振,使人们终日生活在世界末日即将来临的恐惧中。为了排解心中的不安,加上人们认为在末日来临时,能够保全生命的最有效方法就是虔诚地敬奉上帝,所以,许多人选择去修道院出家为僧侣。

很久很久以前,日耳曼部族从中亚的群山走出来,前往西方寻找新的栖息地。倚仗着人口众多的优势,他们用强势的手段,向罗马帝国的领地发起了猛烈攻势,并一把火烧毁了庞大的西罗马帝国。由于和日耳曼民族大迁移的途径相距甚远,东罗马得以幸免于难,但是现在,它也陷入了不那么乐观的境况。西罗马颠覆后的六七世纪,世界陷入了极度的混乱状态,欧洲也迎来了历史上的黑暗时期。在传教士们的教化下,日耳曼人成为虔诚的基督教徒,对罗马教皇地位,也就是世界精神领袖的地位进行了肯定。到了9世纪,罗马帝国的光荣传统在精明强干的查理曼的引领下得以重现,而西欧的绝大部分地区也由此得到大统一。但10世纪时,为了争夺权位,查理曼的子孙们摧毁了他苦心经营的帝国。帝国的西半部分成为法兰西这个独立国家,东半部分则处于日耳曼民族的统治下,为了名正言顺地获得统治地位,境内的各国领袖均认为自己是恺撒和奥古斯都的第一继承人。

然而,令人遗憾的是,法兰西国王的大权始终都停留在城堡中,同时,在神圣罗马帝国,由于利益纷争的存在,很多拥有强大实力的臣属也会公开挑战皇帝的权威,这两位皇帝所拥有的,都只不过是一个皇帝的名号罢了。

对于人民来说,雪上加霜的是,居住在西欧三角洲附近的居民,遭到了三个敌人从三个不同方向发起的攻击:东面,在小部分能够被喀尔巴阡山脉掩护的区域外,其他地区的军事防御都丝毫不起作用,不得不任由鞑靼人、斯拉夫人、匈牙利人、匈奴人恣意侵犯;西海岸,北欧海盗的频繁活动,使那里的居民不堪其扰;南部,穆罕默德信徒已经将西班牙的领土收归己有。

罗马时代的美好时光早已成了历史书中的一个片段,欧洲已经到了生死存亡的关头。显然,相比于灭亡,人们更愿意为自己的国家拼死一战。1000年后,欧洲成为一个狼烟四起的战场,人们迫切需要一个强大的领导者。但是,国王和皇帝都在遥远的地方,无法为他们排解忧难。因此,在边疆居住的人民不得不自己想办法,他们承认了国王的代表作为本地区行政长官的地位,希望在他们的羽翼下,寻找一个安稳的落脚之地。

在很短的时间内,欧洲涌现了一批形形色色的公国、侯国,根据各国的具体情况,由主教、公爵、伯爵、男爵等来充当统治者的角色。而这些小国的国主都发誓效忠"封邑"的国王,为了回报国王赐予的封邑,他们向国王纳税进贡并尽忠服役。但是,当时那个时代的交通较为闭塞,信息传递不是很便利,皇帝和国王的指令一般无法第一时间下达到属地,所以通常来说,这些小国国主的权力还是非常独立的。实际上,他们在自己的封地里,早已拥有了接近国王的权力。

◎ **骑士和城堡**

读者朋友,请不要心存11世纪的平民并不喜欢这种封建体制的念头。事实上,由于封建制是当时社会最有实效性和必需性的政治制度,受到了普通百姓的热烈拥护。一般来说,他们的领主都会住在有着坚固防御系统的城堡中,这让属民们感到安心而安全。在危险发生时,臣民们可以到领主的城堡中躲避,因此,当时的百姓都愿意邻近城堡居住。此外,大多数欧洲城市的起源地,都在封建城堡附近,原因也在于此。

需要强调的一点是,早期的欧洲中世纪骑士同时肩负着公务员的职责,而非单纯的职业战士。他们或是社区的法官、或是警察、或是水坝看守者、或是其他领域的工作人员,甚至还承担着教化百姓、传播文化、保护教堂和修道院、记录历史的职责,总之,只要是对社会秩序有益的事情,他们都要去做。

• 人类的故事

　　国王们再次强大起来，是在15世纪时，"上帝恩许"他们的所有权力，都得以充分发挥。如此一来，封建的骑士们就变成了一般的乡绅，而不再是当初的"独立王国"国主。由于国家已经不再需要他们，这些骑士也慢慢遭到了人们的厌恶。不得不说，要是没有"封建制度"，没有这些骑士们，欧洲无法顺利地从那个黑暗的年代过渡到和平时期。但不可否认的是，在任何时候，都会有不少坏人，那个时代的骑士也并非都是正人君子。不过总体上看，十二三世纪的大多数骑士都是非常勤恳的管理者，他们有力地推动了历史的进步。当时的埃及人、希腊人、罗马人，已经无法再像过去很长一段时间那样，保持文化与艺术火炬的熊熊燃烧了，相反地，那支火炬已经濒临熄灭的边缘，假设离开骑士和僧侣，欧洲文明将遭遇灭顶之灾，欧洲人将不得不从穴居时代重新开始谱写历史。

第三十一章　骑士制度和骑士精神

在中世纪的欧洲,职业战士间由于维护共同利益的需要,往往会借助某种特定的形式来凝聚成一个团结互助的组织,以此为基础,形成了骑士制度和骑士精神。

对于骑士制度的由来,人们到目前为止知道的还不是很多,但可以肯定的是,对于当时混乱无序的社会来说,这种制度的发展具有至关重要的作用。它所带来的严格的行为准则,对于那个年代的野蛮习俗是很好的中和剂,甚至使人们摆脱了500年的困境,过上了舒适安稳的生活。想要对那些野蛮的边疆居民进行教化,并非一朝一夕之事,他们的主要精力放在战争中,和北欧海盗、匈奴人、穆斯林连年斗争。虽然基督徒的身份使他们常常忏悔自己的残忍行为,但他们还是会杀尽全部战俘。众所周知,要想取得进步,必然要经过长时间的努力和奋斗,最后,就算是再目无法纪的骑士,也会向自己"阶层"的行为准则低头,不然就要受到相应的惩罚。

尽管在欧洲各地,骑士准则或骑士精神的表现各有差异,但尽忠职守、服务精神是完全一致的。服务是中世纪最受人尊敬的美德,人们并不以做仆人为耻,只要仆人能够尽忠职守、勤勤恳恳,就会得到人们的尊重。而忠诚呢?在那个需要通过忠实履行职责来维持稳定生活的时代,骑士最崇高的品德莫过于此。所以,当一个年轻人成为骑士时,他会发誓终身做上帝忠诚的仆人,并发誓将自己的生命奉献给国王。同时,他的誓言里还会出现援助穷苦人,以及言语得体、谦虚谨慎等字眼。除了穆斯林这个最危险的敌人,骑士们发誓和所有穷苦大众相亲相爱。

实际上,这些誓词只是十诫内容的平民化表达,以此为中心,骑士们建立了系统化的复杂礼仪,来规范这个阶层的文明礼貌和行为举止。就像英雄骑士的史诗或普罗旺斯骑士的抒情诗所表述的那样,中世纪骑士们的榜样是查理曼大帝的宫廷贵族及亚瑟王的圆桌骑士，他们希望拥有罗兰伯爵般的忠诚和兰斯洛特般的勇气。不管物质条件如何，他们都会时刻注意自己的言行举止，以维护骑士的声誉和尊严。就这样，骑士团成为一所大学校，专门教授优雅的言行，对于社会机器的正常运转来说，这正是最好的润滑剂。意味着优雅、谦虚、礼貌的骑士精神，给人们的生活带来了不一样的色彩。

骑士制度和任何人类制度一样，都会经过由盛而衰直至灭亡的过程。

商业发展在十字军东征的助推下重新焕发生机，欧洲的原野上涌现出大批城市。由此，骑士失去了用武之地，在当时的社会环境下，骑士精神显然成了奢侈品，这种高尚情操的不再实用，直接导致骑士这个阶层无法再得到社会的认可。

根据传说，历史上最后一位真正的骑士，是尽人皆知的堂吉诃德。在他离开人世后，他最亲密的朋友和战友——盔甲和宝剑被送往拍卖行拍卖，以偿还他生前的债务。但令人费解的是，他的宝剑后来被很多人得到过，居住在福奇谷的华盛顿将军曾是它的主人，而戈登将军在喀土穆被敌人围困时，唯一的伙伴也是它。

虽然到现在为止，也没有人弄明白这把宝剑是不是在世界大战中起到了作用，但无可厚非的是，它确实是件价值连城的宝物。

第三十二章 王权与教权的较量

中世纪时，教皇与罗马帝国皇帝因为双重效忠制度，而产生了难以调和的矛盾。

◎ **未开化的中世纪人民**

想要在真正意义上了解过去那个时代人们的思想动机和行为方式，绝对不是一件容易的事情。就像现在的我们，当面对自己的祖辈甚至父辈时，也无法弄清楚他们的真正想法。对于我们来说，他们的思想、着装、行为观念等，都和我们不在同一个世界。即使我们投入很多精力去走近他们，也常常会不得其门而入。在这一章里，我们要阅读的故事，发生在比我们的祖辈还要早许多代的人们身上，想要领悟这个故事的真正内涵，可能需要多读几次。

中世纪时，平民百姓过着十分简朴的生活，他们的日子平淡极了，基本上不会遇到什么特别重要的事情。哪怕是一个不受束缚的自由市民，他的生活圈子也仅限于自己居住的地方。那时候书籍非常少，还没有出现印刷的书籍，流传的只有极少的手抄本。勤勉的僧侣们在各个地方向人们传授写字、算术等基本的文化知识，而随着古希腊和古罗马的沦陷，科学、历史、地理等知识早已不复存在。

人们了解历史的途径，是祖祖辈辈口口相传的故事，令人惊叹的是，这些口头讲述的故事，除了细节上的出入，基本上完全再现了史实本身。2000多年后，在淘气的孩子不服管束时，印度的母亲们还是会搬出"伊斯坎达尔"——这位亚历山大大帝来吓唬孩子，他曾于公元前330年，率军扫遍印度。在印度辽阔的土地上，他的精彩故事流传了数千年。

中世纪的人们未曾读过任何关于罗马历史的教科书，实际上，在很多领域，他们都是十分无知的，他们的学识甚至不如现代的小学三年级学生。然而，在现代读者的眼里虚无缥缈的罗马帝国，在他们的眼里却是实实在在存在的。他们追随罗马帝国的代表——居住在罗马城的教皇，敬奉他为自己的精神领袖。在查理曼大帝和奥托大帝重建神圣罗马帝国的辉煌时，人们衷心地流露出欢喜之情——在他们心目中，世界本该如此。

◎ **左右为难的人们**

两个不同的罗马继承人，使中世纪那些自由民陷入了左右为难的境地。作为中世纪支柱的政治体制，有着十分简单的理论，那就是教皇作为精神世界的统治者，肩负保护人民灵魂的责任；皇帝作为世界的统治者，肩负满足臣民物质需求的责任。

但是在具体应用中，这一体系显示出诸多不足：皇帝和教皇无法控制自己插手对方事务的欲望，并由此一步步发展到针锋相对的地步，战争由此一触即发。在这样的环境中，一般的民众要如何抉择？作为一名虔诚的基督徒和负责的国民，同时效忠于教皇和国王是最起码的准则，但是，当这两位统治者变成仇人后，他们究竟该何去何从？

显然，这个问题的答案不是那么容易得到的。教皇和皇帝间的抗衡持续了很久，双方时有胜负。不过总体来讲，教皇的势力更为强大，因此常常出现皇帝和他的全部属民被集体驱逐出教会，永久开除教籍的情况。这就意味着，辖地内的所有教堂都将被关闭，人们将失去神的庇佑，必然要在死后下地狱。总而言之，中世纪政府被吞并了大部分职能。还有更糟糕的情况，那就是教皇鼓动人们和自己联手反抗"叛教"的君主，但要是有人真的这么做了，国王的士兵就会把他送上绞刑架。

假设教皇与皇帝间的战火燃起，平民百姓的生活就举步维艰了，这种情况在11世纪下半叶尤其严重。那时候，教皇格列高利七世和德国国王亨利四世间发生了两场战争，双方不分胜负，除了给欧洲带来长达50年的混乱外，似乎并没有解决什么实质性的问题。

教会内部在11世纪中期时，出现了一系列的改革活动。当时还没有形成正规的教皇选举方式，神圣罗马帝国的皇帝自然希望教皇宝座上坐着的，是一位有利于帝国而又平易近人的教士。所以，皇帝们会在教皇选举时亲临罗马，利用自己的实力为有利于自己的候选人牟利。

◎ **新教皇与亨利四世**

这种形势一直持续到1059年，教皇尼古拉二世下令打造一个红衣主教团，这个教团的成员必须是罗马周围教区的主教和执事，选举教皇的至高权力由此落到那些有权势的教会头目手中。

原名希尔布兰德，出生于一个托斯卡纳普通家族的格列高利七世，在1073年被红衣主教团推选为新教皇。这位野心勃勃的新教皇十分清楚，教皇要想拥有绝对的权力，就必须拥有顽强的信念和无比的勇气。他并不认为教皇仅仅是基督教会的绝对首脑，而是认为教皇应该是全部事务的最高法官。教皇既然能够扶持普通的日耳曼王公成为皇帝，就能够废黜他们。如果大公、国王或皇帝推行的法律使他不满，他就有权力否定它。然而，假设有人胆敢质疑教皇宣布的敕令，等待他的必将是残酷的惩罚。

格列高利的使者们来到欧洲的每一个宫廷，将这位新教皇的新法令传达到每一位君主那里。征服者威廉并没有提出任何异议，但作为一个天生叛逆的人，亨利四世根本不可能对教皇言听计从，他将德国教区的主教们召集起来，召开了一次指控格列高利罪行的会议，并以沃尔姆斯宗教会议的名义，罢免了新教皇的职位。

亨利四世此举激怒了格列高利，他不仅将亨利驱逐出了教会，还打算联合德意志的王公们废除亨利的皇位。教皇的决定得到了那些蠢蠢欲动的日耳曼贵族的积极响应，出于自身利益的考虑，他们邀请教皇前往奥格斯堡委任新国王。

所以，格列高利连夜从罗马出发，去往北方惩罚自己的对手。亨利四世对自己危险的处境了如指掌，同时，他也知道自己除了和教皇讲和，已经没有别的路可以走。当时正处于冬天，亨利顶着严寒越过阿尔卑斯山，来到教皇停留的卡诺萨城堡。在1077年1月25日到28日的三天时间里，伪装成虔诚教徒的亨利，万分恭敬地在城堡的大门前守候着，向教皇表达了自己深深的忏悔，并且请求宽恕。三天后，他终于得到了格列高利的赦免。

但亨利的忏悔很快就结束了，保住自己的皇位后，他恢复了飞扬跋扈的本来面目，和教皇互不相让地要将对方从宝座上驱逐下去。亨利又一次越过了阿尔卑斯山，和上次不同的是，他的随从是一支庞大的军队。罗马城被日耳曼军队重重包围，格列高利被流放到萨莱诺并死在那里。教皇与皇帝间的第一次流血事件，并没有使问题得到根本性的解决，当亨利重返德意志后，战火重新燃起。

◎ 迅速崛起的中世纪城市

德意志帝国的皇位落到霍亨斯陶芬家族手中后，教皇的存在就不再那么重要了。格列高利曾宣称，由于教皇要在末日审判时，为自己照管的每一只羊负责，而国王只是上帝眼中的一个牧羊人，所以，教皇凌驾于任何世俗君主之上。一个名为弗里德里希的霍亨斯陶芬家族成员（世人称之为红胡子或巴巴罗萨）指出，他的前辈在"上帝的恩许"下，得以掌管神圣罗马帝国的大权。既然之前意大利和罗马都属于帝国的领土，他将通过一场正义战争，来夺回这些失去的行省。遗憾的是，在第二次十字军东征时，他意外溺亡在小亚细亚附近。继承王位的是他的儿子弗里德里希二世，这是一个风度翩翩、精明强悍的年轻人，自幼便学习西西里岛穆斯林文明，他从父亲手中接下的除了王位，还有和教皇斗争的信念。

教皇以讲述异教邪论的罪名，对弗里德里希二世提出了指控。实际上，弗里德里希的确十分蔑视意大利教士的阴险狡诈、德国骑士的庸俗愚昧、北方基督教徒的粗犷野蛮。然而，他并未对此发表任何言论，而是把精力都集中在十字军东征中，并将耶路撒冷从异教手中夺了回来，由此获得了"圣城之王"的称号。如此丰功伟绩，依然未能打消教皇对弗里德里希的仇恨，他们将他驱逐出了教会，并让著名的法王圣路易的兄弟——安如王朝的查理接管了他的意大利属地。当时，人们对此褒贬不一。为了夺回原本属于自己的意大利领土，康拉德四世的儿子康拉德五世——霍亨斯陶芬家族的最后一任继承人，战败后在那不勒斯被处死。20年后，西西里晚祷事件发生，当地居民杀光了那些令人讨厌的法国人，战火仍旧没有熄灭。

教皇与皇帝的斗争似乎没有停下来的一天，但一段时间后，矛盾的双方都学会了克制，不再任意插手对方的领域。

哈布斯堡家族的鲁道夫，在1278年成功当选德意志皇帝。他不顾路途艰险，去罗马接受加冕，教皇并未公然反对这种行为，但开始疏远德意志作为报复。和平时代由此开始了，但已经为时过晚，在200年的争斗中，原本可以用来建设国家的精力，都被浪费在无谓的争斗上了。

但是，凡事有弊必有利，在意大利的不少小城市，教皇与国王尽力维持着表面的和谐，暗地里却不断巩固实力，以维护自己的独立地位。在朝拜圣地的运动来临时，当大量希望尽快攻克耶路撒冷的十字军战士出现在他们面前，他们轻易地满足了战士的交通和饮食需要，从中获得丰厚的物质回报。十字军东征结束后，这些城市从战争中获得的财富，已经足够打造更加坚强的防御，再也无须担心和教皇及国王进行对抗了。

如果非要说教会和国家的争斗带来了什么胜利的果实，那一定就是作为第三方的中世纪城市的崛起。

• 人类的故事

第三十三章　欧洲人的十字军东征

内部的所有争吵，在土耳其人抢占了圣地，将东西方的贸易彻底阻断时，被抛诸脑后，欧洲人的十字军东征开始了。

◎ **土耳其的来袭**

在长达 300 年的时间里，除了西班牙和东罗马帝国这两个欧洲的守卫国外，基督教徒和穆斯林间都处于和平的状态。7 世纪，穆斯林占领了基督教的圣地——叙利亚，虽然他们并不认为耶稣和穆罕默德一样伟大，但他们还是保留了耶稣伟大先知的地位，也允许基督教徒前来朝圣。在圣海伦娜——君士坦丁大帝的母亲，位于圣基的原址上修建的大教堂里，基督教朝圣者可以随意地发表自己的看法。11 世纪时，人们口中的塞尔柱人或土耳其人——一支从亚洲荒原起源的鞑靼部落，将位于西亚的一些国家据为己有，将基督教圣地收入囊中。基督教和伊斯兰教间的和平时刻由此不复存在，土耳其人将东罗马帝国所掌握的所有小亚细亚地区抢了过来，导致东西方之间的贸易无法顺利进行。

东罗马皇帝阿历克西斯将所有精力，都放在东方，和身边的西方基督教基本上没有什么交流，然而，这并没有使他放弃援助欧洲兄弟们的做法。在他看来，如果君士坦丁堡落入土耳其人手中，通往欧洲的大门将会沦陷，土耳其骑兵也将威胁到他们。

在巴勒斯坦沿岸和小亚细亚一带，部分意大利的城市拥有小片贸易殖民地，由于担心自己的财产被抢走，他们对土耳其人的暴行大肆渲染，并传播到欧洲各地，引起了整个欧洲的强烈反应。

当时，乌尔班二世坐在教皇的位子上，他的出生地是法国雷姆斯，在著名的克吕厄修道院——格列高利七世曾经就读的学校，接受过相关教育。在他看来，此时该出手了。那个时候，欧洲面临着严重的粮食危机和失业危机，人民怨声载道。自古就盛产粮食的西亚显然是最合适的移居地。

法国著名的克勒芒会议于1095年召开，教皇乌尔班二世在阐述过异教徒如何践踏圣地，以及从摩西时代开始这片圣地哺育了无数基督徒的事实后，提议法国的骑士和欧洲的百姓联手，将巴勒斯坦从土耳其人手里解放出来。

很快，整个欧洲都陷入了一群失控的宗教徒带来的混乱中，人们再也不愿意安分守己地耕种或做工，而是疯狂地踏上前往东方杀死土耳其人的征途。甚至连儿童都不愿意待在家中，而是要前往巴勒斯坦，感化土耳其人，使他们感受到基督徒的虔诚。可是，有九成狂热的信徒，连见都没有见过他们的圣地。为了维持生计，这些贫苦的信徒只好偷盗或沿街乞讨，由于给人们带来了不便，他们经常被乡民杀死。

◎ 发战争财

为了逃避法庭制裁的罪犯、没落的贵族、无法履行应尽义务的破产者、忠诚的基督教徒，是第一支十字军的主要组成者，这支处于"赤贫者"瓦特和隐士彼得带领下的队伍，在根本不知道组织和纪律是何物的情况下，踏上了远征之路。他们沿路杀害遇见的犹太人，以此来惩罚异教徒，并在勉强抵达匈牙利时全军覆没。

教会由此次失败中得到了教训：要想解放圣地，仅有一腔热血是远远不够的。十字军如果想要取得胜利，必须在积极的意愿、勇气外，具备精密的组织。所以，欧洲历时一年，打造了一支拥有20万人的强大军队，并请有着丰富经验、精通作战技巧的诺曼底公爵罗伯特、弗兰德斯伯爵罗伯特、布隆的戈德弗雷等贵族担任统领。

第二支十字军漫长征程的开始，是在1096年[1]。骑士们在君士坦丁堡面向东罗马皇帝，郑重地举行了宣誓效忠仪式——不管怎么说，传统毕竟是传统，就算现在的东罗马皇帝再怎么昏庸无能，他最崇高的威严依然存在。这支十字军一路上屠杀着穆斯林，跨越海洋向亚洲挺进，并疯狂地袭击了耶路撒冷，将那里的所有穆斯林屠杀殆尽。做完这一切，他们心怀无比的感恩之情，来到圣墓赞美伟大

---

[1] 译者注：此处应为作者笔误。第一次十字军东征时间为1096—1099年，第二次为1147—1149年。

的上帝。过了没多久，土耳其人力量强大的援军就赶来了，重新抢占了耶路撒冷，并杀光所有忠于上帝的信徒作为报复。

欧洲人在随后的200年中，先后发动了七次东征。在不断累积的过程中，十字军战士们具备了丰富的远征亚洲的经验。为了避开艰苦而危险的陆地行程，他们会翻越阿尔卑斯山抵达意大利的威尼斯或是热那亚，然后从海上去往东方。聪明的威尼斯人和热那亚人从中发现了商机，并通过运送十字军跨越地中海获得了丰厚的利润。如果贫穷的十字军战士没有足够的钱来支付高额的旅费，他们就会假装大发慈悲，允许士兵们用胜利的果实做抵偿。很多时候，十字军战士不得不用掠夺来的土地，偿还从威尼斯到阿卡的旅费。借助这种途径，威尼斯极大地拓展了自己在罗得岛、塞浦路斯、克里特岛、希腊半岛、亚得里亚海的势力范围，甚至把雅典据为己有。

◎ 向敌人学习

对于解决棘手的圣地问题，这一切努力显然没有起到丝毫作用。当宗教狂热的浪潮消退，每个家境良好的欧洲青年都将十字军旅程作为必修课。因此，总是有人报名前往巴勒斯坦服役。但是，原始的激情已经毫无踪迹，最开始，十字军战士心怀对穆斯林的刻骨仇恨，以及对亚美尼亚和东罗马帝国基督教徒的真挚感情，踏上远征之旅。但后来他们的内心发生了翻天覆地的变化，由于经常被希腊人欺骗，他们变得憎恨拜占庭的那些希腊人、亚美尼亚人，以及东地中海地区的所有民族。实践让他们渐渐懂得自己的对手——穆斯林有着优美的品行，是正义而又值得尊重的。

但他们把这些想法深深埋在心中，只有在返回家乡时，才会表现出自己从异教徒敌人那里偷学的行为举止。相比于那些优雅的东方敌人，欧洲骑士是多么粗鲁呀！十字军战士甚至在自家的菜园里，种上了从东方带回来的异国植物种子，以期望用收获的果实来改换口味和换钱。他们开始模仿伊斯兰教徒和土耳其人，身穿丝绸或者棉质的长袍，再也不想碰那些厚重的铠甲了。这真是一件有趣的事情，十字军东征原本是为了惩罚异教徒，却演变成欧洲文明的启蒙课。

从政治和军事的立场出发，十字军的东征并非胜利的战争，耶路撒冷及其他小亚细亚城市总是处于得失之中。尽管在小亚细亚、巴勒斯坦、叙利亚等地，十字军曾建立了不少小型基督教王国，但最终都落入了土耳其人手中。耶路撒冷在

1244年时依然处于穆斯林的掌控下，彻底变成了土耳其化的城市。相比于1095年前，圣地的情况依然如故。

但是，十字军东征给欧洲带来了一次深刻改革，东方文明的优雅与辉煌由此得以被西方人民接触到，也激起了西方人民追寻更加美好生活的愿望。这种教会和封建国家难以给他们创造的优美生活，他们在城市的兴起中得到了。

下　卷

我们对骑士制度的起源所知不多，只知道它为当时的欧洲提供了急需的行为准则。在它的影响下，野蛮的习俗渐趋文明，人类的生活比500年前的黑暗时代略感惬意。边地的很多民众几乎在与穆斯林、匈奴人或北欧海盗的殊死搏斗中耗费了一生的精力，要教化这些人非常艰难。也许他们还在为杀人而深深忏悔，但等不到晚上，他们又残忍地将俘虏全部杀光。当然，进步总是需要长期的努力和足够的耐心，最后连那些最桀骜不驯的骑士都会自觉遵守他们约定俗成的行为准则。

第三十四章　充满自由气息的中世纪城市

人们普遍认为，中世纪的城市生活是自由的。

用"开荒的时代"来形容中世纪的初期一点也不为过，过去在罗马帝国东北部的蛮荒之地生活的日耳曼民族，从中亚群山翻越万水千山来到这里。他们首先强占了西欧肥沃的平原，这些热爱游荡生活的拓荒者血液里流淌着不安分的基因，总是喜欢从一个地方迁徙到另一个地方，绝对不会安于平淡的城市生活。

在不断迁徙的过程中，弱者失去前行的资格，强壮的男人和勇敢的女人幸存下来，逐渐形成一个生命力极其顽强的种族。这个精明强悍的新种族讲求务实，对优美细腻的东西毫无兴趣，整个村子里唯一的"文化人"是教士，人们如果遇到困扰，会向他求助。而那些日耳曼、法兰克、诺曼底的贵族们，将自己的新世界建立在罗马帝国的废墟上，并十分享受现有的生活。为了能在死后进入天堂，他们恪守本分：毫不懈怠地帮助人民解决问题，谨慎地遵守教会的纪律，对国王或皇帝忠心耿耿，同时和邻居保持着友好的关系。

有时候，这些贵族会觉得目前的处境不够理想：辖区内的大多数人是农奴或"长期雇工"，整天和牛马打交道，过着依附土地的生活。而这些农奴对上帝如此安排并无异议，也从来没有想过和自己的主人一起努力，为世界的进步做点什么。

◎ 为什么要进步

短短的4000年前，书写术的诞生，保存了人类的思想和技术，极大地推动了人类的进步，所以，人类的进步是日新月异的。现在的人类会关心健康、交通、薪水等问题，但古时候人们的生活并非如此。那时候人们居住在简陋的房子里，时常遭受着疾病的威胁，如果没有进步，今天的人类或许依然过着那样的日子。

◎ 商业复兴

城市的出现，给人类历史带来了600年的进步，在历史的发展中，城市担任着非常重要的角色。

无论是以城市为中心的古代埃及、巴比伦、亚述，还是由许多小城邦组成的古希腊，或是由提尔、西顿共创辉煌的腓尼基，甚至是伟大的罗马帝国，城市都对国家的发展起着至关重要的推动作用，无数人在城市里生活，为文明的进步贡献自己的力量。而日耳曼人在大迁徙中摧毁了罗马帝国和那里的城市，直接导致了欧洲文明的止步不前。随后，十字军东征重新焕发了欧洲文明的活力。

居住在城堡与修道院里的骑士和僧侣，是人们的安全和灵魂的守护者。后来，城堡附近涌现出各种各样的手工匠人，他们依靠城堡主人的善心来维持生计。十字军东征给世界带来了极大的改观，引导人们从欧洲西部向地中海东南部靠拢，去接受文明的洗礼。人们也由此开始注重舒适的服饰，也开始关注精神世界。在这种情况下，小贩们出现了，他们一步步地从依靠人力进行交易，发展到用更先进的方式做生意。在做生意的过程中，他们需要向那些领主缴纳过路费和商品税，为了解决这个问题，部分精明的商人自己开起了生产作坊，来加工生产从远方运进来的商品。渐渐地，他们成为产品制造商，为附近城镇、城堡、修道院提供商品。为了得到所需商品，人们起初会用农副产品作为交换，但是以物换物的方式并不适用于遥远市镇的消费者，他们不得不支付现金。于是制造商和行商积攒了很多金块，并由此颠覆了自己的地位。

要知道，在中世纪初期，生活在农业社会中的人们通常是自给自足的，有许多人从未见过钱币。但十字军东征改变了这种状况，人们需要随身携带金子来支付旅途所需的各种费用。就这样，以兑换钱币为职业的兑换柜台出现了，人们可以通过抵押自己的土地等，或者向犹太人支付高额利息来获取金币。然而，这似乎对借钱的人有失公平，所以有些人就想到从朋友那里借款的主意——这确实是个不错的办法，但被借钱的人又开始为怎样向自己的朋友收取利息而纠结了：首先，收取利息并不符合宗教原则；其次，利息只可以用农产品支付，他们要这些自家都有的东西有什么用呢？

在这时，一个聪明的人想出了一个好办法：假设来借钱的是公爵，那么大家就可以根据他借款的金额，要求他签署允许我们在他的河流里钓鱼的协议，这样一来双方都能得到自己所需要的东西。殊不知，从在那纸协议书上盖上自己的印章起，公爵的权力就开始和他渐行渐远。当他在两年后回到家乡时，他的小河边上挤满了垂钓的人，而因为有约在先，他还不能表示任何不满。就这样，那些商人一点点地把公爵的财产转移到了自己名下，而当公爵再也没有什么东西可以作为协议书的抵押品时，他们以"不守信用"的名义，威逼他为了得到所需钱财允许他们在他的土地上修建各种建筑物。

这就是十字军东征后几百年中，欧洲各地的普遍情况，封建城堡的权力渐渐转向城市，封建领主越来越穷，城市越来越富，并且不断发展壮大着。充满挑战精神的人们从四面八方涌向城市，占据了城市的主导地位，为了过上更好的生活，他们建立了学校、商店、教堂等。

城市的繁荣富强和封建城堡的衰败没落形成强烈对比，那些封建领主也懊悔不已，但又有什么办法呢？毕竟，当年是他亲手签署了第一张出卖特权的许可证，才使得市民们一步步变成自由人的。

第三十五章 中世纪的自治制度

在皇家议会中,城市的自由民对自己的权利加以捍卫。

在人类历史上,游牧时期的每个人,对于整个群体的命运和安全来说,肩负的权利和义务都是平等的。但随着定居阶段的开始,部分人渐渐变得富裕;另一部分人则越来越贫穷,政府掌控权也掌握在富人手中。前文中已经有过关于古埃及、古美索不达米亚、古希腊、古罗马等国家,政治大权被富人掌控的介绍。类似的事情在罗马颠覆后,欧洲重新构建正常的政治体制和生活秩序的过程中也曾发生。日耳曼部族移居至西欧后,起初由一位皇帝统治着整个西欧世界,而日耳曼民族的七八个罗马帝国国王,是皇帝候选人的组成。虽然皇帝看似拥有极高的权力,但这些权力并非都能落到实处,欧洲的真正统治者是国王,但国王很难在王座上安坐,为了应付篡权夺位,他们终日焦头烂额,甚至连治理国家的空闲时间都没有。大量的封建诸侯掌控着日常生活中的管理职责,一般来说,他们的属民都是农奴、自由农民,由于城市并未成规模地涌现,中产阶级暂时尚未形成。

就在整整缺席1000年后的13世纪,中产阶级突然以商人的面目,重新登上了历史舞台。在上一章中,我们已经了解到这个阶级势力之强大,封建城堡也从那时起日渐衰微。就算是那时,国王还是只注重贵族与主教们的需求,但十字军东征所创造的贸易与商业世界,将中产阶级推到了国王的视线中。如果国王还是不肯对他们加以重视,说不定哪天国库就会亏空,那么斗争也无可避免。

◎ 《大宪章》

英格兰的狮心王查理,也就是查理一世会在自己不在任期间,将国家的管理大权交付给兄弟约翰。但约翰和自己的兄弟一样不擅长治理国家,在他刚担任摄政王时,诺曼底和大片法国属地就离他而去,但他似乎不以为意,很快就全情投入地演起了和教皇英诺森三世斗争的大戏。作为霍亨斯陶芬家族的敌人，英诺森三世将约翰驱逐出了教会，而为了与教皇和解，约翰于1213年表示了深深的忏悔——你知道，这和格列高利七世与德意志国王亨利四世间的故事如出一辙。

屡次失败并没有使约翰停下滥用王权的脚步，1215年，众臣忍无可忍地软禁了他，并强迫他签署承诺认真治理国家的协议——《大宪章》。这份协议重申了国王的职责，并确定了大臣的各项权利，甚至涉及了新兴商人阶级的保障，唯独没提到农民的权利——这个阶层却占人口的大多数。

◎ **议会**

几年后，国王的议会上出现了一些不同的声音。

不得不说，约翰是个非常讨厌的人，《大宪章》并未使他遵守自己的诺言。好在他很快就去世了，他的儿子亨利三世继承了王位，并迫于压力继续遵守《大宪章》。为了偿还他作为十字军战士的伯伯向犹太放债人欠下的巨款，他下令召集部分城市代表出席他举行的大议会。于是，新兴阶级的代表首次于1265年登上了历史舞台，但身份是财政专家，无法插手国家事务。不过，一段时间后，他们开始在各个领域发光发热。就是在这样的基础上，这个重大的由贵族、主教和城市代表共同出席的会议，慢慢成为"人民说话的地方"——国会。

国会并非是英国的专有物，因为借助国王和议会治理国家的政治体制，在欧洲各国也得到了普及。比如，法国中世纪后皇权的提升，压制了"国会"的力量，但从城市的代表于1302年起开始出席议会起，国会在500年时间里得到了极大发展，并开始对"第三等级"——中产阶级的权利加以维护。最后，法国大革命完全颠覆了国王、神职人员及贵族的特权，普通人民的代表登上了统治地位。

此外，西班牙、瑞典、丹麦、冰岛、荷兰及尼德兰等国家的政治舞台上，也都早就活跃着国会的身影。

第三十六章　中世纪人们眼中的世界

在人类的历史上，一项非常具有进步意义的发明就是日期。日期使人们更好地安排生活，但在划分历史上，它的精确显得有些过分。当我们谈及生活在中世纪的人们的观念时，并不意味着当时的人们已经意识到从476年12月31日起，已经正式进入中世纪。

在查理曼大帝的宫廷里，有一种无论在生活习性、言谈举止，还是在对生活的态度方面，看起来都十分接近纯正罗马人的人，但事实上当时有部分人依旧生活在洞穴里。时间和发展阶段并没有明显的界限，它们是互相重叠、衔接的，然而，如果想要弄清楚中世纪时人们的一般心理，我们还是要弄清楚这样一些问题。

第一，中世纪的人们重视将自己当作总体中的一份子，这个总体上到皇帝、教皇，下到农奴、异教徒，都生活在一种神圣的秩序下。同时，他们认为天堂是美好的，地狱则充满苦难，因此，所有的人都会为进入天堂而努力。出于对死神的敬畏和恐惧，他们常常感到感伤，在残忍地屠杀所征服城市里的妇女儿童后，他们也会向上帝祈求宽恕，但这种祈祷并不会唤起他们对敌人的怜悯之情。

以战争为使命的十字军骑士，遵循着和普通人不同的行为准则，但还是会畏惧妖魔鬼怪。这群外表像文化人，内心却无比野蛮的良民，处于查理曼大帝和奥托皇帝的统治下。这两位皇帝虽然名义上是"罗马皇帝"，但实际上和奥古斯都、马塞斯·奥瑞留斯等真正的罗马皇帝相距甚远。他们的父辈和祖辈无情地摧毁历史悠久的古老文明，所以他们虽然生活在罗马帝国的雄伟古迹上，却可能一个字也不认识。他们唯一阅读的书籍就是《圣经》，但并不能从中学到过多的知识。

希腊著名哲学家亚里士多德生活在公元前4世纪，他编纂的实用知识大百科全书于12世纪进入中世纪的文学宝库，他的所有著作从希腊到埃及，再到西班牙，先后由希腊文被翻译为阿拉伯文、拉丁文，在欧洲广泛流传。由此，中世纪部分有智慧的人也开始更加理解世界万物，虽然这些学者、导师有着过人的智慧，但他们只愿意照本宣科，不肯花时间和精力亲自研究事物的发展，不过罗杰·培根式的人物例外。他会使用放大镜、显微镜，研究各种各样的生物，但这一切都使那些墨守成规的学者感到不可理喻，他们甚至以夸张的言辞使警察相信培根已经威胁到了世界的秩序，并下令禁止培根在未来的十年中写字。受到重大打击的培根由此发明了一种别人都不懂的密码来写书，这种密码在当时教会严密控制人们思想的环境中，受到了广泛欢迎。

事实上，当时异端搜寻者其实是怀着一种善良的感情，来控制人们的言行的。在他们看来，今生所有的一切努力，都是为了来世进入另一个世界而做的准备。因此，人不应该懂得太多知识，以免心里产生怀疑的念头，最终导致自身的灭亡。他们就像母亲一样，力求保证孩子的思想符合信仰，并为改善人们的悲惨命运而不惜付出一切。

此外，在基督教义的作用下，生活在中世纪的农奴也受到了封建领主的眷顾，所以他们的生活虽然清苦，但总算没有后顾之忧。同时，"稳定"和"安全"的感觉普遍存在于中世纪各个阶层，如商人、工匠等。这就使得中世纪的人们排斥竞争，他们相信，今生的一切功名利禄，都会在末日审判时烟消云散，人们将在那个时刻接受最公平的审判。虽然有人曾经反对过这种行为，但大多数人还是坚持"生只为死"的观念，并把死亡看作辉煌时刻的开端。

古希腊人和古罗马人完全相反，他们精心创造着今生今世，并成功地拥有了精彩人生。但中世纪的人们仍极端地将现实世界变成地狱，将梦想放在遥远的天堂。在下一章里，我们将了解另外一个故事。

第三十七章　中世纪商业贸易的兴衰

地中海一带及意大利半岛上的许多城市，因十字军东征而变成重要的贸易中心。

◎ **威尼斯**

中世纪时，有三个因素推动了意大利半岛诸多城市的繁荣发展。其一，意大利曾为罗马帝国的中心，存留着比欧洲其他地方要多的文明古迹；其二，意大利是教皇的居住地，人们纷纷将各种农副产品换成现金，呈送给教皇以表敬意，因此，相比于欧洲其他国家，意大利拥有较多金钱；第三，意大利人在十字军东征时，将城市变成海运中心，通过运载十字军战士前往东方来赚取高额利润，并使十字军养成了依赖东方商品的习惯。因此，东征结束后，这些意大利城市成为东方商品的集散地和转运中心。

水城威尼斯是这些城市中最著名的一个，它曾垄断了海盐——中世纪非常紧缺的商品，并由此极大地提升了竞争力，甚至胆敢公开反对教皇的权威，加上在十字军东征中获取的大量船费，它很快地扩张了自己的领土，拥有了更多的殖民地。威尼斯14世纪末拥有了20万的总人口，成为中世纪时期欧洲最大的城市，十人委员会的所有成员掌握着城市的实际统治权，依靠职业刺客及私人密探体制来维持政权。

◎ **美第奇家族**

作为欧洲北部和罗马的重要通道，佛罗伦萨依靠优越的地理位置，获取了可观的利润，并大力投入制造业发展。起初，佛罗伦萨人想像雅典人那样，全民参与城市事务管理，但由于不同政治派别的存在，这种体制显然只会带来无穷无尽的混乱。最后，这些党派中的一个，也是当时有着非常大权力的家族，得到了佛罗伦萨的统治权，并以古雅典的"专制"方式，对自己的属地加以管辖。这就是从医生演变为大银行家的美弟奇家族，他们的女儿曾和法国国王结为夫妇。

◎ **热那亚**

作为威尼斯的老对手，热那亚主要负担和黑海沿岸几个小谷仓及非洲突尼斯间的贸易。意大利半岛上的 200 多个城市间，有着非常激烈的竞争。东方和非洲的货物通过这些集散中心，向欧洲的西部和北部转运。和通过陆路把商品运到北欧的威尼斯不同的是，热那亚从海上将货物运送到法国马赛进行重新装船，然后送往罗讷河沿岸的城市——它们演变为了法国北部和西部的零售市场。

◎ **国际贸易体系的形成**

在中世纪，由于宗教斋戒日的存在，无法吃肉的人们对鱼类产品有着非常高的需求量。13 世纪初，一个荷兰渔民利用一种十分奇妙的方法，将新鲜的鲱鱼运送到遥远的地区。此后，北海地区的鲱鱼捕捞事业成为商业领域的重要组成部分。但不久后，鲱鱼移居到了波罗的海，给波罗的海的周边地区带去了大量财富。由于一年中只有几个月可以捕鱼，其他时间人们只好用捕捞船从俄罗斯中部和北部运来小麦，并送到西欧和南欧，途中还会将威尼斯、热那亚的特色产品，运送到不来梅、汉堡、布鲁日等地。

就这样，欧洲一步步建立了一个从从事商品制造业的布鲁日、根特等城市，延伸到俄罗斯诺夫哥罗德共和国的国际贸易体系。同时，北方百余个城市的商人，基于自愿原则，成立了一个总部设在吕贝克的"汉萨同盟"，来保护自己免受海盗、苛捐杂税、各种法律的干扰。这个同盟拥有自己的海军，不仅能够抵抗海盗的侵袭，还能够和英格兰、丹麦国王正面对抗。

在这段神奇的贸易过程中，有着非常多的有趣的故事，就像中世纪的发展一样。12 世纪至 13 世纪期间，整个西欧都受到了国际贸易浪潮的袭击，随之而来的繁荣使得人们有空闲时间来学习文学、艺术、音乐等。后来，城市再次兴起，引领人们走进一个不同的世界。中世纪也逐渐接近尾声，一个崭新的时代，即将拉开帷幕。

第三十八章　古希腊、古罗马、古埃及文明的救赎

文艺复兴是人们为拯救古希腊、古罗马、古埃及文明而做的努力,所以又被称为文明的再生。

文艺复兴并非政治或宗教运动,而是一种意识形态的改变,当时的人们仍旧是教会、国王、皇帝、公爵统治下的良民,所有的改变,都发生在人生态度上。人们开始尝试接触更多的新奇事物,包括语言、服饰、建筑形式等。和天堂相比,他们开始全力建设今生,在现实世界中创造天堂,并取得了显著成就。

在某种意义上,中世纪和文艺复兴是一体的。13世纪的人们做了许多贡献,建设了不少伟大的城市和商业中心,同时也在城市中修建了很多哥特式的大教堂,整个世界都处在一种生机勃勃的发展状态中。拥有巨额财富的绅士们掌管着市政厅,并和封建领主展开了权力争夺战,而行会的成员们也以市政厅为战场,和绅士们展开了决斗。此时的国王和他的谋士们坐山观虎斗,成了斗争的最大获利方。在这种形势下,德国的游吟诗人和普罗旺斯的抒情歌手登上了舞台,为那些政治、经济学家演绎形形色色的故事,而青年人开始进入大学,学习各种有利于社会进步的技能。

在现代社会,不同国家的人使用不同的语言,人们会根据需要选择学习别国的语言,或前往别国求学。但在十三四世纪,人们通常会以所属的教会来定义自己所属的地域,并且掌握着一门国际通用的语言——拉丁语,以免和其他地区的兄弟姐妹无法交流。当时的伟大导师伊拉斯谟在16世纪时用拉丁语创作的很多作品,受到了整个欧洲的欢迎。假设他生活在今天,作为荷兰人的他只会用荷兰语写书,就必须把他的著作翻译成其他语言,才能让欧洲人和美国人读懂。但

600年前的情况并非如此，那时候只有少数人会读书写字，他们统统归属于一个依托于大学的国际化文坛。大学则是一个完全开放的场所，而不是像现代社会一样，要经过一个非常严格的程序才能在某个固定场所建立一所大学。

中世纪，大学写作"unibersitas"，意思是一个由老师和学生组成的共同体，教师是大学的主体，而不是学校的建筑或者地址。如果某个十分具有智慧的人，经常在某个地方演讲，并吸引了很多人们前来听他的演说，就会以那个地方为基础，形成一所简易的学校，著名的巴黎大学、意大利博洛尼亚大学等，都是这样诞生的。

13世纪的年轻人有着朝气蓬勃的精神，在他们不断为追求知识而解决问题和矛盾的过程中，文艺复兴开始了。就是在这个时候，但丁登上了历史舞台，少年时亲眼目睹的宗教斗争，给他留下了深刻的印象，而成年后在政治上的失败，又给他带来了沉重的打击。为此，这位诗人开始用诗句描述一个充满幻想的世界，向人们讲述一个关于13世纪的人们行为、思想的神奇故事。

在但丁之后，另一位文艺复兴先驱者——彼特拉克走上了风口浪尖。他违背了父亲希望他成为律师的意愿，凭着顽强的意志走上了诗人、学者的道路。他先后前往弗兰德斯、莱茵河沿岸、巴黎、列日、罗马求学，并在沃克鲁兹山区创作了大量脍炙人口的作品。彼特拉克也因此名扬四海，在各个城市所受的欢迎，丝毫不亚于一位凯旋的英雄。他和同样是文艺复兴代表人物的薄伽丘是好朋友，经常一起去图书馆搜寻古代拉丁诗人的手稿。他们和所有人一样，十分享受现世幸福、快乐的生活，而不会把希望寄托在来世——这也是刚刚在众多意大利小城市诞生的时代精神。

你知道，人们发明自行车后，将人类走了几十万年的双脚解放了出来，而汽车问世后，人类更是开心到了极点，这下再也不用为出行而发愁了。因此，所有人都渴望拥有汽车，甚至还为争夺汽车所需的石油和橡胶而进行了一场战争。14世纪的意大利人，为古罗马的一部手稿而疯狂的程度，就像现代人为汽车疯狂一样，而且，人们十分崇拜那些有知识的作家。

文艺复兴时代，土耳其人大范围进攻了欧洲，将君士坦丁堡——古罗马帝国最后一片土地包围起来，这对于研究古代哲学的学者和作家来说十分有益。东罗马皇帝曼纽尔·帕莱奥洛古斯于1393年派特使伊曼纽尔·克里索罗拉斯去西欧请求救援，但并未得到回应。然而，不管西欧人怎样看待拜占庭和那里的人民，他们对古希腊人的兴趣都是非常浓厚的，为了学习希腊语，他们甚至邀请特使克里索罗拉斯留在佛罗伦萨做教师。而在这种邀请得到允诺后，他们高兴到了极点，克里索罗拉斯也因此成为欧洲的第一位讲授希腊语的教授。

同一时刻，大学里的经院教师也在讲授着古老的神学和逻辑学，眼看学生们都离开大学，千里迢迢地跑去听人文主义者宣扬"文明再生"的新理论，他们感到非常愤怒，并向当局进行了投诉。可即使这样，也未能保住老派教师的地位，毕竟新生事物有着更强大的力量。

佛罗伦萨是文艺复兴的中心，那里发生了一场旧秩序与新生活的斗争。中世纪阵营的领导者——西班牙的多明我派僧侣，发动了一场战役。他们试图通过各种方式，阻止新生事物的壮大，并且焚毁了许多针对新生事物的艺术品。后来，清醒过来的人们开始意识到自己失去的东西，他们将萨佛纳洛拉——多明我派僧侣首领关押起来，并对他动用了严酷的刑罚。直至后来他被送上绞刑架，罗马的教皇都没有对他伸出援手。

显然，这是个无法避免的悲惨结局，萨佛纳洛拉如果生在11世纪而不是15世纪，一定会受到人们狂热的追捧，但事实并非如此。无论如何，梵蒂冈已经成为收藏希腊和罗马艺术品的博物馆，教皇也加入了人文主义者的队伍，中世纪至此完全落下帷幕。

下 卷

第三十九章 人们表达内心的需要

　　为了更好地表达自己新发现的乐趣，人们在诗歌、雕塑、建筑、油画、书籍等方面发挥了充分的创造力。

　　一位虔诚的老人于1471年与世长辞，在他所经历的91年岁月中，有72年花费在位于荷兰汉撒尔市的兹沃勒小镇附近，以及伊色尔河相邻的圣阿格尼斯山修道院里。这位老人就是出生在坎彭村的多马兄弟，人们也称他为坎彭的多马。他在12岁时被送到德文特——格哈德·格鲁特（巴黎、科隆及布拉格大学的优秀毕业生）在那里创立了"共同生活兄弟会"，将一些普通人组织起来，像基督十二门徒那样过着简单淳朴的生活。为了使贫穷的农家孩子可以沐浴基督的恩泽，他们创建了一所出色的学校，小多马就是在那里学习拉丁语的。他长大后，立志要将文明传播到兹沃勒。在他所生活的那个年代，死亡和瘟疫是十分普遍的事情，在欧洲的波希米亚，英国宗教的改革者约翰·威克利夫及约翰·胡斯，以及他们忠诚的追随者，正试图为自己战亡的领袖复仇。而胡斯因康斯坦茨会议的命令，在火刑柱上失去了自己的生命，要知道，这个会议在不久前还邀请他前往瑞士，为教会和国家的领导阶层宣讲教义。西欧的法国人通过近百年的战争，才将英国人驱赶出自己的领土，但很快地，法兰西人和勃艮第人又开始为西欧的霸主之位，展开了争夺战。南部的罗马教皇，正在筹划着消灭法国南部阿维尼翁的另一位教皇，同样，阿维尼翁的教皇也十分仇视罗马教皇。在远东，土耳其人摧毁了罗马帝国的最后遗迹，将君士坦丁堡据为己有，俄罗斯人则为彻底摧毁鞑靼而紧密筹谋。

　　这一切，都不能影响多马兄弟钻研古代手稿的热望，在《效仿基督》里，他倾注了对上帝的一腔热爱。这本小册子是《圣经》以外译本最多的书籍，改变了

• 人类的故事

无数人的生活和世界观。多马兄弟最理想的生活方式是，可以在某个安静的角落里坐着，读着书过完此生——这也是中世纪最纯洁的理想。

文艺复兴节节胜利，人文主义者呼声日益高涨，中世纪的人们开始竭尽全力地过着一种顺从上帝意愿的生活，但终究未能阻止新时代的到来。历史的大舞台拉开了"表达"时代的帷幕。

文艺复兴时期，人们已经不愿意再默默无闻，而是更希望在生活大舞台上表演，充分"表达"自己的思想。人们通过书写、画画等方式，来达到这一目的，而乔托、拉斐尔、安吉利科等伟大的名字，正是出现在此时。当然，还有像列奥那多·达·芬奇这样一边画着《蒙娜丽莎》，一边实验热气球，同时还在为伦巴德平原上的沼泽积水而忧心的人物。对于世间万物，他都充满了兴趣，并在散文、绘画、发动机里表现出来。而像米开朗琪罗一样的人，还会投身于建筑和雕塑领域，在沉重的大理石石块中创造自己的理想形象，并为著名的圣彼得大教堂绘制蓝图。

如是种种，都是"表达"的表现。后来，大批勇于"表达"的人在意大利蜂拥而出，他们尽力为知识、美和智慧的积累奉献自己的力量。而居住在德国梅因兹的约翰·古登堡，发明了一种新的印制书籍的方法，通过刻有字母的铅块，来排列出所需的文字。在他离开人世后，巴塞尔的伏罗本、安特卫普的普拉丁、巴黎的埃提安、威尼斯的埃尔达斯，极大地推广了印刷精良的古典名著，并且推出了分别使用哥特字母、希腊字母、意大利体、希伯来字母的多种版本。

所以，世界开始属于那些想要表达自己的听众，而不再是少数拥有特权的阶层。唯一可能导致无知和愚昧出现的原因，就是昂贵的书价，但随着厄尔泽维大量印刷廉价通俗读物，这种顾虑也被彻底打消了。人们可以用很小的代价，换回许多伟大的作家和哲学家如普利尼、贺拉斯、柏拉图、亚里士多德等的著作。印刷术的发明和人文主义的问世，使所有人站在了自由与平等的位置上。

第四十章　地理大发现

从中世纪的阴影中走出来后，人们已经不再满足于待在欧洲的小天地里，而开始探索更宽广的空间，航海大发现的历史时代由此开启。

十字军东征教会了欧洲人最基本的旅行知识和技巧，然而，从威尼斯到雅法这段广为人知的路线，却很少有人敢于跨越。威尼斯商人波罗兄弟在13世纪时，跨越万水千山，抵达了当时中国的统治者——元朝皇帝的皇宫。马可·波罗——波罗兄弟的子辈，将他们在东方的20年冒险经历，写成了一本详细的游记，并在欧洲广为传播。受书中所描述的东方美景的吸引，欧洲人开始幻想前往东方寻找黄金，不过，受艰险行程的限制，他们暂时未能成行。

后来，麦哲伦开始尝试通过水路去往东方，开始时他的航船并不那么实用，水手们过着十分悲惨的生活——虽然中世纪的人们已经懂得用鳕鱼制作鱼干，但还没有发明罐头，而且，船上也无法储存足够的淡水，更没有办法携带新鲜的蔬菜。尽管13世纪时僧侣罗杰·培根曾无限接近细菌，但他并未公之于世，这使得中世纪的水手们并不了解细菌，常常误饮不卫生的淡水，甚至因此死于伤寒症。这还不是最凄惨的，麦哲伦于1519年从塞维利亚出发，开始环球航行时，跟随他的船员超过200名，但最后只有18个人活着回到欧洲；而17世纪，西欧与印度支那间海上贸易活动中，也会有近一半人死于坏血症——这种疾病的根源，就是缺乏新鲜蔬菜。这种恶劣的条件，使欧洲人并不热衷于航海。就算最伟大的探险者达·伽马、麦哲伦、哥伦布等，所率领的船队也都是由一些杀人犯、在逃犯、刚刑满释放的人组成的。

对于这些航海者的勇气，我们应致以崇高的敬意：只有无比勇敢的人，才能完成那么艰险的航行。13世纪中期，水手们开始使用一种类似罗盘的仪器，来指示方向。但他们所掌握的航海地图并不精确，在选择行驶方向时，常常需要依靠上天的保佑。只有在上天赐予他们足够运气的情况下，他们才有可能活着回到欧洲。这是一群真正意义上的世界的开拓者和冒险家！

14世纪至15世纪，所有航海家的信念就是发现一条足够好的航线，前往神秘的东方。欧洲人在十字军东征后，变得再也离不开香料了，他们需要到东方去找到更多这些必需品。在地中海一带，起初最伟大的航行者是威尼斯人和热那亚人，但随后葡萄牙人凭借发现并探索大西洋海岸的荣誉，获得了这一伟大的称号。西班牙人和葡萄牙人在与摩尔人的斗争中产生的爱国热情，已经转移到其他地方。葡萄牙国王阿方索三世于13世纪将西班牙半岛西南部的阿尔加维王国收归己有，并在之后和穆罕默德信徒的斗争中渐渐占据主动地位，势如破竹地占领了阿拉伯的休达城、丹吉尔（后来被当作阿尔加维王国在非洲的首府）。

有"航海家亨利"之称的亨利王子于1415年开始筹备探索非洲西北部的事情，他是约翰一世和菲利帕的孩子。亨利王子和他的葡萄牙探险队在非洲先后拜访了加那利群岛、马德拉岛、亚速尔群岛，并在15世纪中期抵达佛得角和位于巴西、非洲海岸间的佛得角群岛。作为一名基督骑士团的首领，亨利的探险活动同时还延伸到几内亚海岸和撒哈拉大沙漠的中心，他一直试图找到普勒斯特·约翰——12世纪的欧洲广泛流传着他的故事，这个基督教传教士是他自己所建立帝国的皇帝。人们花费了300年的时间来寻找普勒斯特·约翰和他的后人，但直到亨利离世30年后，人们才窥得冰山一角。

探险家巴瑟洛缪·迪亚兹于1486年，通过海路抵达非洲的最南方——那里是后来的"好望角"，去寻找普勒斯特·约翰的国度。佩德洛·德·科维汉于一年后，受热那亚的美第奇家族的委托，前去寻找"普勒斯特·约翰"的神秘国度，并于1490年将这个愿望变成了现实。事实上，那就是今天的埃塞俄比亚，当时处于黑人领袖尼格斯统治下的阿比尼西亚。

大量的实践，使葡萄牙内部在如何抵达东方的问题上产生了分歧，但幸运的是，当时的航海家们对"地球是圆的"这个真理毫不怀疑。热那亚有一个名叫克里斯托弗·哥伦布的水手，属于支持向西航行的一派，他曾于1477年2月抵达法罗群岛，并遇到从10世纪起就定居在格陵兰岛的北欧人的后代。为了寻找"远西地区的大片土地"，他于1478年起，将所有的时间和精力都花费在寻找通向印度支那的航线上。为了实现自己的理想，哥伦布从来也没有放弃过奋斗，1492年4月，他和西班牙王室签署协议，并于8月3日带着88名船员、三只小船踏上了征程。10月12日，他第一次发现了一片陆地，并误以为这就是充满了财富的东方。然而，直到他离开人世，也没有弄清楚事情的真相。

坚持东方航线的葡萄牙人显然更幸运，达·伽马于1498年抵达马拉巴尔海岸，并带着大量香料安全返回里斯本——整个欧洲都为此而震动。哥伦布去世七年后的1513年，华斯哥·努涅茨·德·巴尔沃亚在达里恩峰顶端发现了另一个大洋，欧洲的地理学家终于弄清了新大陆的真相。

葡萄牙航海家斐迪南·麦哲伦于1519年开始向西航行寻找香料群岛，沿路先后发现并命名了火岛、太平洋、菲律宾，最终抵达著名的香料群岛——摩鹿加，以及婆罗洲（现在的印度尼西亚加里曼丹岛）和蒂多雷岛。唯一美中不足的是，他们没能发现澳大利亚北部海岸，但好在最终安全地返回了西班牙。

从此以后，西班牙和葡萄牙就开始全力开发这片新大陆和印度、美洲之间的贸易，不仅如此，整个欧洲都为哥伦布的新发现而轰动，大西洋也逐渐取代意大利，成为新的贸易与文明中心，这种优越的地位一直延续到今天。

不得不说，人类文明从出现起，就以一种奇特的方式在发展。尼罗河河谷的土著居民在5000年前就开始用文字来书写历史，文明从尼罗河流域起，向底格里斯河和幼发拉底河间的美索布达米亚延伸，随后又兴起了克里特文明、希腊文明、罗马文明，并以全世界的贸易中心——地中海为中心，形成了一批以艺术、科学、哲学为主的文明城市。16世纪，文明又一次西移，大西洋沿岸的部分国家成为世界的主宰。

在部分人看来，大西洋作为文明中心的地位，已经因世界大战和欧洲国家间的战争而大打折扣，他们希望文明向太平洋转移。至于实际情况究竟会如何发展，现在还没有定论，不过可以肯定的是，今天文明的发展将会依赖飞行器和水力，而不再以海洋为主。

第四十一章　照亮东方的佛陀与孔子

孔子和佛陀的思想，是东方的指明灯，直到现在还在影响着许多人的行为和思想。

受益于葡萄牙人和西班牙人的地理大发现，西欧的基督徒与印度、中国人民形成了紧密联系。在很久以前，西方人就知道世界上还有除基督教以外的宗教存在，比如穆斯林，以及非洲北部的异教种族。但他们在中国和印度惊奇地发现，世界上竟然还有那么多人对耶稣的事迹一无所知，这些人并不认为西方的信仰优于自己的古老宗教，而要想了解这一切，必须认识两位圣人——佛陀与孔子。

佛陀是印度人最尊崇的伟大信仰导师。他诞生在公元前6世纪白雪皑皑的喜马拉雅山上，印欧种族的东部分支——雅利安民族的首位领导者查拉斯图特拉曾于400年前在那里带领他的属民共同生活，并教会人们将生命看成神圣的善神玛兹达和凶神阿里曼间的斗争。佛陀的出身十分高贵，父亲是伽毗罗卫部落的领袖，母亲玛雅摩耶是邻国的公主。玛雅摩耶50岁时才怀上第一个孩子，为了表示庆祝，她决定回自己的家乡去迎接这个孩子的降生。玛雅摩耶途经蓝毗尼时，在一个花园里的树荫下生下了儿子悉达多，也就是后来人们口中的"大彻大悟的人"佛陀。悉达多在生命的前29年里，都过着无忧无虑的王子生活，并努力成为父亲的王位继承者。

在悉达多30岁时，一切都不一样了：他无意间接触到了那些贫病交加的普通人，并深深地为他们的悲惨命运感到哀伤。而得知世界上还有"死亡"这种东西存在之后，更使他寝食难安，陷入无尽的痛苦中，即使亲生儿子的降生，也无法使他从噩梦里解脱出来。最后，他决定离开自己的亲人，去寻找答案。

在悉达多流浪时，统治印度的雅利安人将人民划分为三六九等，并推行了一套严酷的"种姓"制度：雅利安征服者的后代，属于武士和贵族阶层，拥有最高地位的"种姓"，下面分别是祭司阶层，农民、商人阶层，最悲惨的是原始的土著居民，他们被划分为贱民，受尽了社会的种种压迫，过着悲惨至极的生活。

为了帮助人们得到精神上的慰藉，悲天悯人的悉达多带着自己的五个学生，开始了修行之旅。六年后，学生们已经完全掌握了他的智慧，并离开他前往不同的地方。随后，悉达多独自坐在菩提树下冥思苦想，在他禁食整整49个昼夜后，婆罗西摩——印度神话中的生命创造者显灵了，从此，悉达多得到了"佛陀"的称号。

佛陀把自己最后的45年生命，全部用于在恒河附近的山谷中向人们宣讲教义。到他在公元前488年离开人世，他和他的教义已经广泛为印度人民所尊崇。佛陀的信念适用于每个阶层的人，后来被信徒们传入中国和日本。

和佛陀相比，中国古老智者孔子的故事要简单得多。他出生在动荡的公元前550年，但他的一生却是安静、恬淡、充满尊严的。当时中国的中央政府还不够强大，人们在盗贼和封建主横行的环境下过着悲惨的生活。为了拯救人民于水深火热之中，充满仁爱之心的孔子决定改变人心——在世界上所有的伟大精神领袖中，孔子是唯一一个没有宣称自己和天堂有联系的人，他只是用一种温和的、睿智的方式，引导人们改变自己的性格。

孔子曾拜访过"道教"哲学体系的开创者——另一位伟大的道德领袖老子，在他们教义的教化下，人们温和地面对世间的一切，从不做出过激的举动。渐渐地，孔子的学生遍布各个地方，就连中国的国王和王子都是他的信徒。在孔子的教导下，人们关爱父母远远超过关注子孙，他们非常崇拜祖先，刻意忽视未来。孔子的智慧言论受到了东亚人民的欢迎，在每个中国人的心灵上，儒教精辟的观察和深刻的名言都留下了深刻的印象。

东方的古老教义在16世纪流传到了西方世界，但并没有引起西班牙人和葡萄牙人的祖先的重视，相反地，因为他们的香料和丝绸贸易被佛陀或孔子的道德所阻，他们毫不留情地使用了暴力。这显然不是一种明智的做法，除了使人和人之间充满了敌意之外，对于人类来说毫无益处。

第四十二章　马丁·路德和宗教改革

人类历史始终像钟摆一样不断左右摆动，在马丁·路德领导的宗教改革中，人们一改文艺复兴时热爱文学和艺术，轻视宗教的做法。

1500年，查理五世降生了，作为西班牙人斐迪南和伊莎贝拉的外孙子，以及勃艮第大公勇敢者查理的女儿玛丽和马克西米安——哈布斯堡王朝的最后一位中世纪骑士的孙子，在他仅是一个婴孩的时候，就已经继承了西班牙、意大利、比利时、荷兰、德国、奥地利等国家及它们在亚洲、非洲、美洲的全部殖民地，并得到了至高无上的权力。

查理的父亲去世得很早，母亲也疯了，他的监护任务落到了姑妈玛格丽特的肩上。后来，他成了一个纯正的佛拉芒人，不得不肩负起一百多个大大小小的民族国家和西班牙、德国、意大利等国家的统治重任。作为一名忠诚的天主教徒，查理反对宗教的不宽容，并追求和平安静的生活，但不幸的是，他的身份使他不得不辗转于各片领土，见证着各种各样的战争。在58岁时，他终于抛弃了所有这一切，去天堂寻找清静之地了。

当时，教会拥有世界上第二大势力，并拥有大量财富。教皇住在艺术家、音乐家、文人云集的豪华宫殿里，把百分之九十的时间都花在赏玩艺术品、休闲娱乐上，只在教会事务上花费百分之十的时间——这种做法显然成为大主教、红衣主教和主教们的效仿对象。只有生活在偏远地区的教士才会恪守教条，过着清贫的日子。而那些老百姓呢，相较于过去来说，他们的日子是非常幸福、满足的，孩子们有机会接受更好的教育，居住的环境和房屋也变得更好，甚至有能力和那些向他们征收繁重赋税的人对抗。

以上这些人物，都是宗教改革的主演。

欧洲的文艺复兴从意大利兴起后，很快发展到法国，当到达欧洲北部时，给那里原本过着严谨单调生活的人们，带去了"人文"的气息，并使古希腊和古罗马的异教文明得以重获生机。

意大利人是教皇和红衣主教团的主要成员，他们将教会变成了一个很少提及信仰，而更多关注艺术、音乐和戏剧的俱乐部。由此，严肃认真的北方和无视信仰的南方产生了极大的分歧，这种矛盾成为教会空前的巨大隐患。

宗教改革运动之所以发生在德国，而不是瑞典与英国，是因为德国人在很久前就和罗马教会产生了嫌隙，而且德国皇帝统治下的自由民更容易受到主教和教士们的迫害——由于那时候的教皇热爱豪华的大教堂，主教们为了讨好他，会在德国大肆敛财来修建教堂。另外，德国是印刷术的起源地，北欧的图书价格因此异常便宜，拉丁文的《圣经》在普通人群中得到广泛普及，人们在阅读中开始怀疑教士们宣传的教义。

在这种情况下，北方的人文主义者出于对教皇的敬意，首先仅仅将斗争的矛头指向了僧侣。令人匪夷所思的是，这场战争的领袖"饥渴的"伊拉斯谟——杰拉德·杰拉德佐，是一位虔诚的基督徒。他是一位知识渊博的学者，精通拉丁语和希腊语，同时是《新约》的修订者和拉丁文译者。1500年，这位坚信真理的教士写作了《愚人颂》一书，幽默风趣地对僧侣和他们的追随者进行了攻击，并呼吁其他人文主义者和他携手，共同复兴基督信仰。

然而，伊拉斯谟的方式太理性、宽容了，无法感动那些教会敌人，他们需要的是一位更加强悍勇猛的领导者。此时，马丁·路德出现了。

1511年，路德抵达了罗马，当时的教皇，来自博尔基亚家族的亚历山大六世去世了，新任教皇尤里乌斯二世热爱战争和兴修土木，这使路德失望透顶。但真正让路德绝望的是，尤里乌斯的继任者亚历山大六世上台后，为了缓解教廷濒临破产的困境，通过售卖"赎罪券"的方式来积累现金。1517年，多明我会僧侣约翰·特茨尔掌握了萨克森地区的赎罪券销售权，他非常急切地想通过这种途径敛财。路德被彻底激怒了，用拉丁文写了95条宣言，张贴在教堂的大门上，此举引发了整个欧洲的骚动，教廷非常震惊，要求路德前往罗马，对自己的行为进行解释。路德并未服从这种安排，因此被开除了教籍，从此，他就被推上了反对罗马教会基督徒的领袖位子。

• 人类的故事

　　当时半个世界的主宰者——查理五世刚满 20 岁，出于利益的考虑，他必须和教皇保持友好关系。因此，他要求路德出席在沃尔姆斯召开的宗教大会，并解释自己的观点。但这位日耳曼的民族英雄显然并不愿意收回自己说过的话，沃尔姆斯会议只好宣判他是一个违反了上帝和人民意愿的罪人，并要求人们一起来抵制和他有关的一切。然而，路德依然坚持自己的所作所为，到此时，宗教改革已经演变成一场波及整个帝国的骚乱，所有的人都陷入了疯狂的状态。

　　路德于 1546 年 2 月离开了人世，在不到 30 年的时间里，宗教改革时期关于宗教的论争，已经完全取代了文艺复兴时期的淡漠，多年来始终处于教皇统治下的精神世界崩溃了，整个西欧成了战场，天主教徒和新教徒为了各自的神学教义，不断地互相厮杀着。

第四十三章 天主教和新教间的战争

在长达 200 年的时间里，天主教和新教始终处于对峙状态。

宗教争论贯穿于整个 16 世纪和 17 世纪，在 1600 年或 1650 年时，人们自幼就和宗教打交道，不管归属于哪个宗教，他们的脑袋里都充斥着各种深奥的教义，甚至在还不明白信仰为何物的时候，就要按照父母的意愿，成为天主教、路德派、茨温利派、加尔文派、再洗礼派的教徒，学习那些艰深的教义。这些教徒坚信，自己所归属教派的教义是唯一真理。而由于势均力敌，天主教徒与新教徒间的对峙持续了两个世纪，耗损了近八代人的生命和精力。

这场大规模的宗教改革运动，是由新教徒发起的，天主教会内部也进行了颠覆性的变革，人文主义者教皇退出了历史舞台，威严的、恪尽职守的教皇取代了他们的位置。在修道院里，教士和修女们也都毫不懈怠地坚守在自己的岗位上。宗教法庭严密监控着人们的一举一动，以免异教教义的印刷品传播开来。这时候，你一定会想起提出行星运动规律的伽利略，他就是因为违背教会观念而被投入监狱的。不过，新教徒也并不认同科学和医学，相比于天主教徒，这些视自发观察事物的人们为毒蛇猛兽的家伙，并不会更加开明。伟大的法国宗教改革者加尔文，就以异教邪说的罪名，把西班牙著名神学家、外科医生迈克尔·塞维图斯烧死在了火刑柱上。

宗教之争越演越烈，比起天主教徒来说，对于这场毫无意义的争论，新教徒更早感到厌倦。大部分在宗教信仰问题上遭到迫害的人都是善良的老百姓，他们成了罗马教会的棋子。不同于现代人的是，16 世纪的人们重视威胁灵魂的心理疾病多于肉体上的疾病，为了预防精神疾病，他们组建了一套严格的体系。新教国家建立了许多学校，孩子自幼开始就被鼓励接受宗教信仰的教育，不过总的来说，这种做法对于促进欧洲人素质的普遍提高十分有益，印刷业也由此得到了快速发展。与此同时，天主教徒也开始在教育方面投注大量的时间和精力，并与刚诞生的耶稣会联盟——这是一个由西班牙士兵伊格那修斯·德·罗约拉创建的教会，其名号为教皇保罗三世授予。耶稣会培养了一大批忠于天主教的教徒，甚至在皇宫中为未来的皇帝和国王们授课。耶稣会这一举动的目的，我们将在讲到三十年战争时详细介绍。

查理五世的兄弟斐迪南在他去世后，拥有了德国和奥地利，而西班牙、荷兰、印度群岛、美洲等的统治权，落到了查理五世的儿子菲利普手中。菲利普是一位狂热的教徒，他认为自己是上帝派到人间的救世主。作为16世纪时最强大国家的主宰者，菲利普通过向商业中心荷兰征税获得了大量的财富。但是，作为路德与加尔文教义的虔诚追随者，佛拉芒人与荷兰人向当地的教会发起了挑战。这使得菲利普陷入了矛盾中，他虽然难以忍受荷兰臣民的异端行为，但又离不开他们在金钱上的支持。几经思量，他终于忍无可忍，派阿尔瓦公爵前往荷兰解决此事。阿尔瓦先处死了部分宗教领袖，并在1572年——那一年，在圣巴托罗缪之夜，法国的新教领袖被全部杀死，将荷兰数座城市全部屠城，以此向其他城市示警，同时围困了荷兰制造业中心莱顿城。

同时，北尼德兰的七个小省份组建了乌得勒支同盟，并成功地击败了西班牙人。这使整个世界都震惊了，为了镇压反叛的荷兰人，菲利普雇人暗杀了奥兰治的威廉，这彻底激怒了北尼德兰七省，他们召开会议废黜了"邪恶的国王"菲利普。

1586年，西班牙无敌舰队在佛拉芒海岸的港口和荷兰舰队交战，并受到了沉重的打击。从此，英国和荷兰的新教徒将战火烧到了敌人的国土上。16世纪末，霍特曼在林斯柯顿的一本书的指引下，找到了通向印度群岛的航线，并成立了荷兰东印度公司，关于西班牙与葡萄牙的亚非殖民地的争夺战由此展开。在不到二十年的时间里，新教徒就取得了西班牙人所属的大部分有价值的殖民地，西印度公司于1621年成立后，很快又得到了巴西，并在北美哈得孙河口建立了基地新阿姆斯特丹。

30年的战争是从1618年开始的，并于1648年《威斯特伐利亚条约》的签订为结束。积攒了一个世界的宗教仇恨，在这时彻底爆发了，所有的人都在这场战争中筋疲力尽，中欧也由此陷入了一片荒凉的境地。直至战争结束，战前遗留的问题依然存在着，人们依旧坚持着各自的宗教信仰，瑞士与荷兰的新教徒成立了一个独立共和国，欧洲其他国家并未表示反对，神圣的罗马帝国失去了原有的活力，法国依旧拥有梅茨、图尔、凡尔登及阿尔萨斯的一些领土。

天主教和新教因为这场战争而开始反战，可能这是这场战争最大的好处吧。十六七世纪时，英国所发生的一些情况，非常有力地推动了世界历史的发展，只有了解了英国的历史，你才能理解发生在世界上的一些事情，比如说，英国为什么能在欧洲大陆上的其他国家都推行君主专制时，成立了一个议会制政府。

• 人类的故事

第四十四章　英国的大革命

神授君权和议会权力间的交锋，以国王的失败告终。

欧洲西北部的第一位探险者是恺撒，那是在公元前55年，英国还是一片荒地，在后来的400年里，英国始终是罗马的一个海外行省。后来，日耳曼人不断骚扰罗马，驻守在英国的罗马士兵回去护卫家园，此后，不列颠陷入无政府无防御的状态。日耳曼北部的撒克逊部落由此纷纷前来定居，并在那里建立起许多独立的撒克逊王国，直到11世纪，克努特大帝的大丹麦帝国吞并了英国、挪威及北日耳曼。丹麦人被赶走后，英国重新回归自由，但很快又落入了斯堪的纳维亚人手中。这支部族是诺曼底公国的创建者，成为英国的统治者后，一直以主人的身份向岛国居民传授语言和文明，后来英国殖民地的发展势头日渐迅猛，并超越了本国。此时的法兰西也正致力于将诺曼底—英国邻居赶出领地的斗争，并在圣女贞德的帮助下取得了成功。

15世纪末，英国发展成为一个强盛的中央集权国家，统治者是都铎王朝的亨利七世。1509年，亨利八世登上了王位，由此，英国的身份逐渐从中世纪岛国演变为现代国家。亨利对宗教毫无兴趣，并利用离婚的机会脱离了罗马教廷，从此以后，欧洲出现了第一个真正的"国教"——英国教会。那是在1534年，都铎王朝在这次和平变革中得到了大量的人心和财产。

1547年，亨利离开了人世，他年仅10岁的幼子继承了王位，在小国王监护人的推动下，新教徒的势力得到了极大发展。但小国王不久后夭折了，他的姐姐玛丽坐上了王位。西班牙国王菲利普二世的这位爱妻，上任后做的第一件事就是处死了新"国教"的所有主教，并严格采取丈夫的行事作风，因此得到了"血腥玛丽"的称号。

下 卷

1558年，玛丽去世了，继位的伊丽莎白女王反对所有天主教和西班牙的事物，并在担任国王的45年里，为王室权力和英格兰经济实力的增强做出了极大贡献。她的对手——斯图亚特王朝的玛丽，是一位虔诚的天主教徒。玛丽因为在镇压苏格兰的加尔文教徒时所采取的错误手段，遭到了人民的反对，不得不逃到英国避难，并在那里对伊丽莎白展开了长达18年的陷害。被逼无奈之下，伊丽莎白只好处死了她。1587年，英国与西班牙因玛丽之死，展开了一场战争。在英国人与荷兰人看来，攻击印度和美洲的西属殖民地，既能维护自己的正当权利，又能报复西班牙人对新教徒同胞的迫害行为。1496年，威尼斯领航员乔万尼·卡波特带领英国船队发现并探索了北美大陆，这为英国带来了大量渔业资源，次年卡波特发现了佛罗里达海岸，为英国建立海外殖民创造了极佳条件。

1603年，伊丽莎白去世，苏格兰女王玛丽的儿子詹姆斯继任了英国国王，在宗教斗争越演越烈的情况下，詹姆斯展开了和平的"宗教改革"运动，将英国推上了国际事务的绝对领导地位。另外，他还答应了西班牙重修旧好的请求。

一段时间后，人民和国王间再次产生了冲突，1625年继承詹姆斯王位的查理一世也坚持君权神授，并不顾臣民的建议任意地治理国家。这和罗马帝国皇帝的继承人——教皇的做法如出一辙，但随着路德宗教改革运动的推进，新教徒的欧洲统治者接管了教皇的特权，国王的权力得到了显著增强。

英国人不认同国王神圣的君权，必然有其原因。英国的中产阶级们首先通过国会发声，反对王室滥用职权，但国王的回应是解散国会。在漫长的11年中，查理一世十分任性地按照自己的意志统治着不列颠，把国家视为自己的私有财产，最终彻底激怒了英国臣民。1641年12月，国会向国王递交了《大抗议书》，详细阐述了统治者的暴行给人民带来的灾难。1642年，君主和国会各自组织了强大的军队，展开了激烈的斗争，伟大的奥利佛·克伦威尔将军指挥的清教徒（英格兰势力最强大的宗教派别）"虔诚兵团"在战争中充当了重要角色，两次沉重地打击了查理的军队。1645年，查理在纳斯比战役中惨败。随后，苏格兰的长老会与英国的清教徒陷入了复杂的内战中，1648年8月，克伦威尔的军队胜利，英国第二场内战结束。1649年1月30日，君主家的人民处死了国王，克伦威尔时代来临。克伦威尔在1653年成为护国主，并在自己在任的5年内，保持了伊丽莎白女王时代广受人民欢迎的政策。西班牙再次敌视英格兰，英国人民强烈要求向西班牙人开战。

虽然克伦威尔成功地维持了英国的国际地位，但他并不擅长社会改革。1658年，他离开了人世，斯图亚特王朝轻易地复辟了，但清教徒们的统治使人们非常痛苦。代表反抗国王的广大中产阶级的利益的"辉格党"，和国王支持者的代表"托利党"，展开了近十年的对峙。在此期间，当时的统治者查理二世死去了，天主教徒詹姆斯二世在1685年继任了英国王位，他好战而又独裁。而他儿子的降生，使英国人民陷入了"国家会落到天主教徒手中"的恐惧中，为此，辉格党、托利党的七位著名人士联手邀请荷兰共和国的首脑威廉三世——詹姆斯的女儿玛丽的丈夫，前往英国取代詹姆斯二世。

威廉于1688年11月15日在图尔比登陆，并帮助自己的岳父成功逃往法国。1689年2月13日，他宣布和妻子玛丽一起治理英国，英国的新教事业得到了拯救。借此机会，国会掌握了更大的权力，并先后提出《权利请愿书》和《权利法案》，严格地规定了英格兰君主的信仰、权力。就这样，英国于1689年得到了多于其他任何一个欧洲国家的自由。

威廉在任期间，首次推行了"责任"内阁的政府体制，由小型"枢密院"中的贵族和神职人员，来辅佐君主共同治理国家。这种做法后来演变成一种制度，并在全世界范围内得到了推广。在威廉于1702年去世前，他的精力都放在和法王的路易交战上，他的小姨子安娜继承了他的王位后，国家的情形依然没有得到改变，1714年安娜离世，汉诺威家族的乔治一世——詹姆斯一世的外孙女苏菲的儿子，继承了英国王位。在他昏庸无能的统治下，内阁开始自行治理英格兰与苏格兰。而一大批优秀的辉格党人，在乔治一世和二世执政期间成为内阁的主要成员，并掌握了处理政府内务的大部分权力。于是，英国自18世纪起，建立起一个由责任内阁成员处理所有国家事务的代议制政府。

并不是所有阶层的利益都能在这个政府得到体现，但这是现代议会制政府的雏形，国王的大权逐渐被剥夺，深受爱戴的人民代表团成为国家的统治者。

第四十五章 "权力均衡"原则和欧洲的平静

"神圣君权"在路易十四时期占据了法国的统治地位,这种局面在"权力均衡"原则形成后得到了逆转。

对于法国来说,路易十四是一个在合适的时间出现在合适的国家的人物,但欧洲的其他地区却不这么认为。当时法国拥有着欧洲最大的人口密度和最强盛的国力,当智慧超群的路易十四从马萨林与黎塞留手中接下法国时,法兰西王国已经成为17世纪强大的中央集权国家。直到现在,路易十四的宫廷里形成的礼仪和言行及法语,依旧在国际上受着广泛的欢迎。此外,路易十四时期的剧院、法兰西学院、法式烹饪艺术等,无不是现代人追捧的对象,不管怎样,在人类历史上,路易十四时代都是极其豪华高雅的。

不过,从另一个角度讲,路易十四时期的法国也有其阴暗面。路易十四继承法国的王位,是在1643年,在之后的漫长的72年中,他在自己开创的有力独裁制度——"开明专制统治"的帮助下,对法国进行着独裁统治。而法国也逐渐成为波旁王朝统治下的波旁王朝国家,为波旁王朝所独享。

君主专制的弊端是显而易见的,国王意味着所有,别的人都不重要。渐渐地,贵族们放弃外省管理权,退出了政治舞台,而封建主们则迁居至巴黎,在路易十四的宫廷中过着悠闲的日子,很快,他们的庄园就患上了"地主不在所有制"这种经济病,封建主阶层逐渐消失,取而代之的是一个无所事事的悠闲阶级。

《威斯特伐利亚条约》结束了三十年战争,并终结了哈布斯堡王朝的统治,当时路易十四10岁。为了取代哈布斯堡王朝欧洲霸主的位置,路易于1660年迎娶了西班牙国王的女儿——玛丽亚·泰里莎,并在自己的岳父离世后,宣布西班牙所属荷兰地区归法国所有。这种严重威胁新教国家安全的行为,引起了整个欧

• 人类的故事

洲的混乱，荷兰七省联盟的外交部部长扬·德维特，于1664年组织成立了荷兰、英国、瑞典三国同盟——史上的第一个国际联盟，但英国、瑞典很快就被路易十四的金钱收买了，孤苦无依的荷兰于1672年被法国军队攻陷，就算是1678年签署的《尼姆威根和约》，也无法阻止另一场灾难性战争的发生。

1689年至1697年，法国发动了第二次侵略荷兰的战争，路易十四坚持不懈地为当上欧洲霸主努力着。但是，在抢夺西班牙王位的大规模战争中，路易十四遭到了英国与荷兰海上联军的沉重打击，由此，新的国际政治基本原则诞生了：未来的世界，不可能再由一个单独的国家统治。

这就是"权力均衡"原则，在之后的300年里，所有的国家都严格遵守着这条原则。该原则指出，只有整个欧洲大陆处于平衡状态，所有的欧洲国家才能继续生存，绝对不允许某个国家独霸欧洲乃至整个世界。在三十年战争中，这一原则的牺牲品之一，就是哈布斯堡王朝，虽然路易十四创造了许多辉煌的成就，但他还是失败了。

第四十六章　莫斯科公国的崛起

整个欧洲都被莫斯科公国的崛起给震惊了。

大家都知道，1492 年，哥伦布发现了美洲大陆。在此之前，蒂罗尔人施纳普斯奉洛尔地区大主教的命令，率领一支科学远征队前往东方考察。他们最开始想去莫斯科城，但是遭到了当地人的拒绝，为了给主教大人一个交代，他只好前去考察了土耳其异教徒统治的君士坦丁堡。

61 年后，英国船长理查德·钱塞勒在寻找通往印度的东北航线时，无意间来到了德维内河的入海口，并在离阿尔汉格尔城不远的地方，发现了一个村落，那里的人们盛情邀请他前往莫斯科，和统治者会面。后来，钱塞勒带着俄国和西方世界签订的第一次通商条约，回到了英国。人们由此开始逐步揭开俄国的神秘面纱。

在罗马帝国时期，来自中亚的斯拉夫部落在第聂伯河和德涅斯特河间游荡着，试图找到新的栖息地，但是他们的踪迹十分隐秘，很少被人发现。但是，连接北欧与君士坦丁堡，贯通整个莫斯科公国的商路被斯堪的纳维亚人发现后，这些原始居民的平静生活就被打乱了。斯拉夫国家成立的消息很快传到君士坦丁堡，热衷于传播耶稣福音的基督传教士纷纷涌向其国腹地，试图引导那里的人皈依基督教。当然，拜占庭传教士们最终取得了成功，俄罗斯人由此开始接受拜占庭的信仰、文字、艺术及建筑等方面的知识。由于拜占庭帝国早已东方化，因此俄国也染上了不少东方的色彩。

在当时的俄罗斯平原上，唯一的秩序就是混乱，所以，一支亚洲的军队轻而易举地攻了进来。他们于 1224 年发动了第一次大规模入侵战，在攻陷了布拉哈、塔什干等国家后，成吉思汗开始带领蒙古铁骑入侵西方，并很快掌握了俄罗斯的命运。后来，在消失13年后，蒙古人于1237年重返俄罗斯，并在5年之内，得到了整个俄罗斯平原。俄罗斯人重新独立是在1380年，莫斯科大公德米特里·顿斯科夫依将蒙古骑兵击败在库利科沃平原上。

在蒙古人的统治下，俄罗斯人度过了长达200年的痛苦生活。当时的欧洲各国由于正忙于家事，无法向他们伸出援手，最终拯救俄罗斯的，是北欧人建立的一个小国。

为了壮大自己的实力，莫斯科公国不得不牺牲邻居们的利益，直至可以公然向统治者表示反抗。在没落的斯拉夫部落中，莫斯科公国树立的俄罗斯独立领袖声誉，短时间内得到了广泛推广，1463年，处于伊凡三世统治下的莫斯科向西方宣称，斯拉夫民族继承罗马帝国及拜占庭帝国的权力。在后来的伊凡雷帝执政时期，莫斯科公国的大公已经有能力以沙皇自称了。

1598年，费奥多一世离世，老莫斯科王朝结束了。沙皇的位子被鲍里斯·戈特诺夫继承，全体俄罗斯人民的命运由此改变。这个新兴的国家于17世纪向东延伸到了西伯利亚，并受到了其他欧洲国家的重视。1618年，鲍里斯·哥特诺夫离世，俄罗斯贵族推选罗曼诺夫家族的米哈伊尔——费奥多的儿子继任沙皇。1672年，米哈伊尔的曾孙子彼得降生，彼得10岁的时候，他的姐姐索菲亚登上了沙皇的位子，彼得由此被送到首都的郊区去生活，并在日常生活中，对欧洲产生了向往。

在17岁时，彼得抢走了姐姐索菲亚的沙皇皇冠，并致力于将俄国改造成一个实力强大的欧洲帝国。凭借着聪明的头脑和强硬的手腕，彼得于1698年展开了大规模的改革运动，引领俄国朝着现代欧洲的方向发展，并确定了其在国际上的重要地位。

第四十七章　俄国和瑞典的交战

俄国与瑞典为了欧洲东北部的霸主地位，展开了一系列争夺战。

沙皇彼得于1698年，迈出了第一次西欧之行的步伐，他经过柏林，来到当时工商业的中心——荷兰和英格兰。作为一个不受人民喜爱的严厉的青年统治者，彼得改革的计划同样得不到人们的支持，他们甚至在他考察海外期间，秘密筹划着破坏他的计划。为了解决皇室卫队斯特莱尔茨骑兵团发起的叛乱，彼得只好迅速回国处死了所有的造反者，当然，首犯——彼得的姐姐索菲亚除外，她只是被送去修道院囚禁。借助坚决的暴力手段，彼得一步步巩固了自己的统治地位，但是，在他于1716年再次前往西欧时，他的儿子阿列克谢发起了叛乱，结果显而易见，阿列克谢和同党们的下场都十分悲惨。此后，俄国再也没人敢造反了。

似乎意识到传统的做法都是错误的，沙皇彼得推行改革的动作十分敏捷，在短时间内推出了各种法令，对整个俄国的不足进行了弥补。此外，他留给整个国家的遗产，还包括一支由50只战舰组成的军纪严明的海军，以及一支强大的20万人的陆军。老的贵族议会杜马解散，国家官员组建的咨询委员会——参议院取而代之，旧的政府体制被彻底铲除。

整个俄国形成了八个行省，矿产业、建筑业、学校、制造业、印刷业等，开始得到迅猛的发展。同时一部详尽地规定和说明社会各个阶级的责任和义务的新法典诞生了，民法与刑法的庞大体系逐渐形成。人们的精神面貌也发生了翻天覆地的变化，成了真正文明的人。

另外，沙皇彼得亲自管理宗教事务，并设立宗教会议来作为国教的最高权力机构。不过莫斯科的旧传统势力并未完全铲除，为此，沙皇把政府移到沼泽地带，并于1703年开始大刀阔斧地改造那片土地——在多年时间里，4万名农民用自己的血汗，建立起了帝国的首都。为了摧毁这座在建的城市，瑞典人对俄国发起了战争，但最终还是未能阻止它在波罗的海沿岸拔地而起。

1712年，这座城市——圣彼得堡正式成为帝国的首都，并在短短的十几年内，拥有了7.5万名居民。为了防止泛滥的涅瓦河水淹没城市，彼得修建了堤坝和运河。1725年，彼得离开了人世，新首都成为北欧最耀目的城市。

彼得一手打造的强大帝国的崛起，引起了邻居们的恐慌，1654年，瑞典国王古斯塔夫·阿道尔丰斯的独女，瓦萨王朝的末代女王——克里斯蒂娜宣布要去罗马侍奉天主，把王冠交给了查理十世——古斯塔夫的一个新教徒侄子。在查理十世和查理十一世的治理下，瑞典王国迎来了鼎盛时期。1697年，查理十一世离开了人世，15岁的查理十二世继承了王位。这使北欧各国十分喜悦，他们终于有机会报复瑞典了（在17世纪的宗教战争中，这个国家牺牲邻居的利益，换来了自己的强大）。大战一触即发，瑞典和俄国、波兰、丹麦、萨克森组成的联盟展开了殊死的搏斗。在1700年11月的纳尔瓦战役中，彼得的新军被瑞典军队击溃，军事天才查理在一击得胜后，迅速开始打击其他敌人，并在随后的9年时间中，攻陷了波兰、萨克森、丹麦和波罗的海各行省。

在此期间，彼得一直养精蓄锐，并于1709年，在波尔塔瓦战役中彻底击垮了瑞典军队。不服输的查理徒劳地挣扎着，并将自己的国家逐步推上了灭亡之路。1718年，查理意外身亡，1721年，《尼斯特兹城和约》规定瑞典退还在波罗的海的全部领土，仅可以保留芬兰。于是，彼得打造的新俄罗斯帝国成为北欧名正言顺的第一强国。然而，此时正悄然崛起的普鲁士帝国，为俄国的地位带来了一丝威胁。

第四十八章　普鲁士的崛起

日耳曼北部国家普鲁士迅速崛起了。

不妨用欧洲边境地区的变迁史来描述普鲁士的发展史，查理曼大帝于9世纪时，就致力于把文明中心从地中海迁移到欧洲东北部。他和他的法兰克军队用武力从斯拉夫人和立陶宛人处抢夺了大片领土，一步步将欧洲边界推向东方。当然，法兰克人并未对这些分布在波罗的海与喀尔巴阡山之间的土地投注过多精力。

为了预防撒克逊部落的侵袭，查理曼在边境地带建立了勃兰登堡省。法兰克人在10世纪时就征服了那里的文德人——斯拉夫人的一个分支，后来，文德人的集市勃兰纳博演变为勃兰登堡省的中心。在11世纪到14世纪，那里的管理者一直都是各个贵族家族，其中霍亨索伦家族于15世纪迅速发展为勃兰登堡的选帝侯，在他们的精心管理下，那里成长为现代世界最强大的帝国之一。

来自德国南部的霍亨索伦家族，原本地位并不高，但家族成员腓特烈于12世纪借助婚姻成为勃兰登堡城守将，此后，这个家族日益强盛起来，终于在几个世纪后，成为勃兰登堡至高无上的选帝侯。他们在宗教改革时支持新教徒，在17世纪早期成长为北日耳曼权势最大的王侯之一。

勃兰登堡与普鲁士在三十年战争中，遭到了新教徒和天主教徒的反复劫掠。不过，经过选帝侯腓特烈·威廉的极力抢救，普鲁士很快从战争中恢复过来，并在短时间内打造了一个所有人和事物都能各尽其用的国家。当然，这个国家的建立，离不开腓特烈·威廉一世——腓特烈大帝的父亲的功劳。由于理念的不同，这个勤勉认真的普鲁士军士和自己的儿子无法融洽相处，并在一次和儿子产生激烈冲突后，将他送到外省的某个小地方学习治理国家的方法。正因如此，腓特烈在1740年继位后，在治理国家方面非常顺利，他非常反对古佛罗伦萨历史学家马基雅弗利的政治观点：为了国家的利益可以不惜一切。他支持路易十四的开明君主专制，认为君主必须要为人民服务。但具体操作起来，他会把普鲁士当作私有财产来治理。

1740年，奥地利的皇帝查理六世离开了人世，他生前曾为自己的独女玛丽亚·特利莎立下了一张保护她王位的条约。可惜他死后不久，腓特烈的普鲁士军队就攻占了西里西亚，并宣称普鲁士完全有权力占领西里西亚地区乃至整个欧洲中部。随后，腓特烈多次击退奥地利军队的反击，并完全占领了西里西亚。

这个新兴强国的崛起震惊了整个欧洲，作为一个弱小民族，日耳曼只是18世纪宗教战争中的牺牲品。但有着顽强意志与精力的腓特烈，却将普鲁士打造成为一个在财力、司法、交通、教育、工业等方面都非常出色的强国。

在普鲁士光芒的照拂下，几百年来备受波兰、丹麦、奥地利、瑞典、法国等欺凌的普鲁士，开始重新焕发出生机。这一切的功劳，都属于腓特烈这个手段狠辣、善于外交的小老头，不过令人感叹的是，当他在1786年去世时，身边没有一个亲人和朋友，只有一个仆人和几条狗。

第四十九章　重商主义对欧洲的影响

在重商主义的引导下，不少新兴小国和王朝一步步拥有了强大的财力。

我们知道，当一个国家建立起来后，想要更好地提升内部管理能力，并在国际事务中发挥更大的影响力，就需要花费巨额的金钱。强有力的中央集权是中世纪国家最缺乏的，因此充足的国库并不能使它们生存下去。但现代中央集权国家的情况并非这么简单，国家需要雇用政府官员来处理各种事务，为了维持庞大的陆军、海军、行政管理体系，需要花费的金钱更是难以计量。但是，这笔巨额财产是从哪里来的呢？

黄金和白银在中世纪非常罕见，但这种现象因秘鲁银矿的对外开放和美洲大陆的发现得到了逆转。大西洋沿岸取代地中海成为贸易中心，形成了一个新的"商业国家"，黄金和白银渐渐流入欧洲，对于人们来说也不再那么稀奇了。

16世纪时，世界上涌现出一大批政治经济学研究者，他们提出了能够为各自国家创造大量利益的"国富"理论。在他们看来，最富有的国家应该拥有最多的金银和现金，并能因此成为有实力统治世界的强国。这就是所谓的"重商主义"，它在当时受到了所有欧洲国家的欢迎。为了获取最多的贵金属储备，国家会尽力在出口贸易上赚取利益：假设某个国家的对外出口份额比邻国对它的出口份额高，就会成为邻国的债主，为了抵偿债务，邻国会向这个国家支付黄金。正是在这种理念的指引下，17世纪时所有国家推行的经济政策中，都包括这样几点：尽可能赚取贵重金属；大力发展对外贸易和原材料加工出口；为了给工厂提供充足劳动力，鼓励生育；国家严格管理贸易与生产。

16世纪时，查理五世在自己管辖的全部欧洲地区中，推行了"重商主义"理论，这种做法为英国女王伊丽莎白所效仿。这个理论的忠实拥护者同时还有法国波旁王朝的路易十四,以及英国的克伦威尔。

显然,对于欧洲的海外殖民地来说,这种体系是一个巨大的灾难。在重商主义的包围下,这些盛产黄金、白银、香料的殖民地,成为他们主人获取利益的工具。统治亚洲、美洲、非洲的欧洲国家垄断了那里的贵金属和原材料,不允许外人和当地人前去贸易。

可以说,重商主义政策在很大程度上刺激了部分过去不具备制造业的国家的工业发展,为了创造便利的运输条件,那些国家不断兴修道路和运河。与此同时,贵族地主的势力逐渐减弱,商人的地位日益提升。

凡事都有两面性,这一理论同时也极大地危害了人们的利益。殖民地的居民受尽了剥削和压迫,宗主国的居民也吃尽了战争的苦头,整个世界在这一理论的推动下,变成了一个狼烟四起的战场。那些国家为了抢占更多的金银,不惜牺牲他国的利益,世界上最重要的事情,就是拥有大量的财富,人们的终身目标就是"有钱"。直到19世纪,重商主义结束,人们才迎来了一个开放、自由的经济体系。

第五十章　震惊世界的美国独立战争

在介绍美国独立战争的时候，我们不得不提及为了争夺殖民地，欧洲各国陷入混战的历史。

在 30 年的战争岁月里，基于民族或王朝利益，重新建立了不少欧洲国家。这样一来，需要依赖商人和商船贸易公司财力支持的统治者，就只好在亚洲、非洲和美洲掠夺更多殖民地，来确保商人的利益。

一开始，西班牙人和葡萄牙人来到了印度洋和太平洋，100 多年后，觉醒的英国人和荷兰人加入了进来，并占据了有利地位。在前人铺垫好的道路上，他们的事业进展得非常顺利。和那些在面对弱于自己的民族时，总会表现出野蛮态度的欧洲国家不同的是，英国人和荷兰人十分温和，如果需要的香料、金银、税收能够得到保证，他们并不会干扰当地居民的生活。正是这一高明之处，使这两个国家轻松地占有了世界上资源最丰富的地区，不过为了争夺更多领地，它们之间发生了一场战争。有意思的是，这场战争发生的场所，是距离殖民地 3000 英里以外的海上——它们显然严格遵循着自古以来的规律：控制了海洋就能控制陆地。凭借着强大的海军，英国赢得了最后的胜利，将美洲、印度及非洲的大片殖民地装进了口袋。

后来，为了争夺北美的广阔土地，英国和法国也打了不少架，它们都认定北美大陆的真正主人是自己。英国于 17 世纪在缅因州和卡罗来纳州之间建立了 10 个小型殖民地，那时候，新英格兰的新教徒、宾夕法尼亚州的贵格会教徒等不信奉英国国教的特殊派别的难民，是殖民者的主要成员，他们居住在王权无法干预到的沿海地带，过着十分开心的日子。

但是，作为皇家属地，法国的殖民地始终处于国王的严密注视下，为了避免印第安人接触到新教教义，保证耶稣会传教士伟大事业的进行，法国殖民者绝不允许他们的殖民地中出现胡格诺教教徒和新教教徒的身影。所以，英格兰殖民地受到了人们的欢迎，但在政治上，它并不是那么令人满意。法国人于16世纪抵达了圣劳伦斯河河口，并最终来到密西西比地区，在墨西哥湾周边打造了60个要塞，隔开了北美腹地和大西洋沿岸的英国殖民地。

英国曾经将涉及东岸到西岸全部土地的土地许可证颁发给殖民公司，这样一来，许可证就失去了效力。由于建立君主专制需要波旁王朝的帮助，斯图亚特王朝统治下的英格兰，绝不会和法国发生战争。但随着荷兰执政者威廉——路易十四最强大的敌人，登上英国王位，针对印度和北美殖民地所有权的战争，在英法两国间一直持续到1763年《巴黎和约》签署时。显然，在这些战争中，英国总是胜利的一方，这时的英国已经拥有了整个北美大陆，不过当时那里还是荒无人烟的地方。

1620年，一批清教徒抵达了北部的马萨诸塞州；而南部的南卡罗来纳州和弗吉尼亚州生活着一群勤劳的拓荒者。这些对压迫忍无可忍的殖民者们十分希望能够按照自己的意愿生活，但英国的统治阶级似乎并不想给他们这样的机会，双方产生了难以磨合的矛盾。终于，北美殖民者鼓起勇气拿起了反抗的武器，这场战争持续了7年，其间许多时候北美殖民者都陷入了困境，但在华盛顿的领导下，殖民者的独立事业顽强地继续了下去。

华盛顿的军队装备并不精良，但胜在意志顽强，在小部分人的全力协助下，这支军队和国王的势力展开了长期的周旋。他们坚强地挺过了给养不足的困境，紧密地团结在自己的领袖身旁，并一起赢得了最后的胜利。

在指挥了诸多精彩战役之外，华盛顿还以一个出色的外交家的身份，前往欧洲游说法国政府，并赢得了阿姆斯特丹银行家本杰明·富兰克林的支持。在革命初期，来自不同殖民地的代表们在费城集会，一起商讨革命相关事宜，在独立战争的第一年，大批战争物资源源不断地从大不列颠群岛运来——在那个时候，英国人控制着北美沿海的大多数重要城镇，人们聚集在一起，是需要非常大的勇气的。

历史性的时刻发生在1776年6月和7月，在当年6月召开的大陆会议上，弗吉尼亚的理查德·亨利·李发表言论说，联合在一起的殖民地应该成为独立、自由的州，彻底和大不列颠王国断绝政治联系。7月2日，这项由马萨诸塞的约翰·亚当斯提出附议的提案正式通过。7月4日，托马斯·杰弗逊——美国的一位著名总统，亲手写的《独立宣言》正式发布。

在欧洲得知《独立宣言》的相关信息后，殖民地人民已取得了最后的胜利。1787年，美国第一部成文宪法正式通过，又一次极大地震惊了整个欧洲。当时的欧洲正处于中央集权制的权力的顶峰，宗教战争的爆发促进了高度的中央集权王朝制度的形成，但生活并不幸福的底层人民和上等阶层都希望改变当时的政治和经济制度。北美殖民者的胜利也使他们坚信，只要努力，不可能的事情也有可能变成现实。

就像某位诗人所说的那样，世界上的所有角落，都听到了揭开列克星顿战争的枪声，显然这种说法有点夸张，起码中国、日本和俄罗斯不在此列。但毋庸置疑的是，枪声穿越大西洋，惊醒了欧洲那些不满足于现状的耳朵，在法国造成了轰动性的影响，使得所有的欧洲地区，都在国家制度和外交政策上发生了翻天覆地的变化，"民主"这两个字开始遍地开花。

第五十一章　伟大的法国革命

自由、平等、博爱的思想，因法国大革命而在世界范围内发扬光大。

何为革命？一位俄国作家指出，革命就是在短时间内，彻底颠覆固有的社会、宗教、政治、经济旧制度。在古老文明日益退化的18世纪，法国发生了大革命。在路易十四的专制统治下，国王成为法国的代名词。过去在国家中充当重要角色的贵族阶层，沦落为凡尔赛宫廷的附属品，和国王一起享受着荣华富贵。为了维持庞大国家的运作，法国国王向农民征收各种形式的税，导致他们过着贫苦的生活，于是，他们开始闹罢工。

当时猛烈地抨击法国社会现状及君主专制制度的，有《风俗论》一书的作者——小说家、哲学家、剧作家、历史学家伏尔泰，《社会契约论》的作者、画家让-雅克·卢梭，《波斯人信札》及《论法的精神》的作者孟德斯鸠，以及狄德罗、德·朗贝尔、杜尔哥等优秀作者——这批作者合作撰写的长达28卷本的百科全书，囊括了所有新思想、新科学、新知识，并受到了当时民众的热烈欢迎。

不管怎样，虽然法国大革命的主角看起来是一群来自巴黎贫民窟的群众，但实际上真正的幕后推手是中产阶级。可以分别从两个阶段来了解这次革命：人们尝试在法国推行君主立宪制度的1789年到1791年，由于种种原因，这个阶段并未取得成功；人们首次尝试推行民主专政制的1792年到1799年，这一阶段建立了一个共和国。不过，因为长期的尝试都以失败告终，法国大革命最后的爆发还是免不了以暴力的形式解决问题。

当时法国国王路易十六为了解决国库亏空的问题，任命安尼·罗伯特·雅克·杜尔哥为国家首席财政大臣，但这位政治经济学家推行的税收政策，触犯了贵族和神职人员的利益，而且和以"节约"为耻的玛丽·安东奈特皇后的理念相冲突，只好于1776年辞去了职务。接任他的瑞士人内克尔，也和他一样提倡节俭，最后也落了个和他一样的下场。接下来，查理·亚历山大·德·卡洛纳出任财政大臣一职，并推行"拆东墙补西墙"做法，但这根本解决不了问题，群众更希望内克尔来主持大局，迫于公众压力，国王只好罢免了卡洛纳。随后，红衣主教洛梅尼·德·布里昂纳被国王任命为新的财政大臣，当时民众已经发起了暴动，国王路易十六不得不答应尽快召开三级会议。

那是法国最困难的一个时期，人民饥寒交迫，庄稼颗粒无收，军队士气低落，紧迫的局势，使路易陷入了困境。后来，他在民众的呼声中罢免了洛梅尼·德·布里昂纳，召回内克尔重新担任财政大臣一职，暂时安抚了躁动的民心。然而，内克尔并没有拿出让人们满意的方案，只有在迫于无奈的情况下，才允许农民和中产阶级在三级会议中拥有双倍名额的代表权。在这种混乱的局势中，选举结果出来了：参加凡尔赛宫三级会议的有621名第三等级代表、285名贵族代表、308名神职人员代表，最后一场拯救古老法国的重头戏即将拉开帷幕。

1789年5月5日，讨论法国国家体制的三级会议正式召开，并最后以国王被送上断头台、内克尔被解职、人民攻击巴士底狱为结束。1789年7月14日，人们摧毁了君主专制的象征巴士底狱；8月4日，国民议会开始正常运转，王室、贵族和神职人员的特权被废除；8月27日，法国第一部宪法的序言《人权宣言》发表；10月5日，巴黎发生第二次暴动；1791年9月，法国通过第一部宪法；1791年10月1日，立法会议召开，狂热的革命党人掌控了政治舞台，其中最极端的是雅各宾党；1792年9月，新国民公会成立，激进的革命者开始表演；1793年1月21日，国王路易十六被处死。

随后，雅各宾党人开始向吉伦特党人发起进攻，并在成立革命法庭后，处死了21名吉伦特党人的领袖，那些诚实勤劳的吉伦特党成员，全部被迫自杀。1793年10月，雅各宾党人要求暂停实施宪法，公安委员会在和平恢复以前接管了所有权力，废除了基督徒的信仰和公元旧历，一个充满革命恐怖主义的理性时代正式来临。在长达一年的时间里，每一天都有70多人因革命而遭到屠杀。

这样一来，少数人的暴政取代了国王的专制统治，整个法国陷入恐慌中，当时唯一的一个真正的民主战士罗伯斯比尔被送上断头台。1794年7月27日，恐怖统治宣告结束，为了彻底将敌人驱逐出法国，革命军队在比利时、意大利、莱

● 人类的故事

茵河、埃及等地进行了艰苦卓绝的斗争。随后的四年时间里,一个五个人组成的督政府成为法国的实际掌权者,直至1799年,拿破仑·波拿巴成为法国"第一执政",并在接下来的15年中,在欧洲大陆进行了一场政治实验。

下 卷

第五十二章　野心勃勃的拿破仑

　　科西嘉岛阿雅克修市公证员卡洛·马利亚·波拿巴和妻子莱蒂西亚·拉莫莉诺都是备受尊敬的好人，他们的第三个儿子拿破仑生于1769年，是一个纯粹的意大利人。当时的法国殖民地科西嘉一直在努力争取独立，20岁之前的拿破仑，是一位坚定的科西嘉的爱国者。随着法国大革命的胜利，科西嘉人的种种诉求得到了满足。在布里纳军事学院接受良好军官训练后的拿破仑，加入了法国军队，并最终成为法国的最高统治者，创建了远远高于亚历山大大帝和成吉思汗的功绩，被人们看作高卢天才的象征。

　　从各方面条件来看，拿破仑可以算是平平无奇，既没有渊博的学识，也没有优雅的举止，更没有显赫的亲戚，他后来所拥有的一切，都是靠自己的双手，凭借着坚强的信念和不向命运屈服的精神挣来的。

　　年轻的拿破仑最爱的一本书，是古希腊历史学家普卢塔克写的《名人传》。这个缺乏细腻情感的人似乎从未爱过除了自己以外的人，当然，他十分尊敬自己的母亲，也曾爱过妻子约瑟芬——当他发现她不能为他生下皇位继承人时，就果断和她离婚，娶了奥地利皇帝的女儿。

　　拿破仑开始崭露头角，是在一次围攻土伦的战役中，他曾经专门拜读过马基雅弗利的著作，并将这位佛罗伦萨政治家的一些观点运用得轻车熟路。假设背信弃义可以使他获得更多利益，他会毫不犹豫地那么做，"感恩"这两个字，更是不可能出现在他的人生字典里，事实上，对于人类的任何痛苦，他都无动于衷。他曾经出尔反尔地屠杀了埃及、叙利亚、德国等国家的战俘，也从来不重视人民的生存状态。这样一个铁石心肠的人，如果非要给他的成功找一个理由，想来肯定是因为他非常善于表演，并感染了整个欧洲大陆上的观众。

- **人类的故事**

滑铁卢一役后,拿破仑被流放到圣赫勒拿岛,受到了严密的监控,只有少数几个人见过他。即使在这种情况下,他依然没有放弃过自己的梦想。对于法国来说,他所发动的政治变革、颁布的新法典(被大部分欧洲国家采用)以及他的那些正面的举动,都具有非常深远的影响。他是1789年至1804年法国革命的伟大领袖,凭借所推行"自由、平等、博爱"的民主信仰,赢得了大多数人民的好感,并因此打败了俄国、英国、奥地利、意大利。

1804年,拿破仑邀请教皇庇护七世为他加冕,自封为法国的世袭皇帝,旧时的革命领袖摇身一变,成了另一个哈布斯堡君主。他抛弃了雅各宾派的政治信条,开始为压迫者和暴君代言,严酷地压迫着那些胆敢反抗的人民。他的种种暴行,在侵犯西班牙时彻底激怒了人们,这位法国新皇帝,由当初的革命英雄变成了人民尤其是英国人民的公敌。

从1798年起,英国就开始对法国港口进行封锁,阻止拿破仑进攻印度。1805年,英国人终于得到了打败拿破仑的最好机会。在西班牙西南海岸的特拉法尔加角一带,拿破仑的舰队被内尔森将军击溃,但他丝毫不肯退让,并将仇恨的矛头指向了俄国。

当时,俄国的领袖保罗一世去世后,他的儿子亚历山大沙皇继承了王位。亚历山大痛恨拿破仑,并态度明确地和普鲁士、英国、奥地利联手,共同反抗拿破仑。这把拿破仑气坏了,他发誓一定要杀到莫斯科,签署城下之盟。两个月后,他实现了这个愿望,但好景不长,两周后,法国军队因为无法适应俄罗斯酷寒的天气而遭到了重创。

整个欧洲都为拿破仑的失败欢呼,他们纷纷向他发起了进攻。在1813年的10月16日至18日的莱比锡战役中,拿破仑又一次遭到了沉重打击,之后他的身份变成了地中海上厄尔巴岛的君主,并在那里训练了一支小型军队。这时候,失去拿破仑的法国人民才发现,离开拿破仑,法国再也无法散发出耀目的光芒。

1815年3月1日,拿破仑回到了戛纳,法国军队纷纷向他效忠。当时反法联盟的代表们正在着手清理欧洲版图的事务,所以,于3月21日抵达巴黎后,拿破仑向他们发出了求和信号,但并未得到回应。显然,这个背信弃义的科西嘉人已经无法再赢回欧洲人的信任,战争无可避免地爆发了。6月18日,拿破仑在滑铁卢遭遇了威灵顿的军队,遭到失败的他像过去许多次一样,抛弃部队逃回了巴黎。随后,他把皇位让给了自己的儿子,并准备逃亡美国,但这个计划很快就流产了,他被送到圣赫勒拿岛——他最终的流放地,并在那里安然地度过了最后的七年时光。其间他曾尝试写一本回忆录,但耐人寻味的是,这本回忆录讲述的重点并不是帝国,而是自己出任总司令和首席执政的那段岁月。

第五十三章　女先知和神圣同盟的故事

拿破仑的手下败将们在他被流放到圣赫勒拿岛后，一起来到维也纳，试图消除法国大革命给自己造成的影响。

拿破仑被流放后，欧洲所有的国王、公爵、大臣及大使、总督、主教全都卷土重来，他们跳起新式"华尔兹"舞，进行了大肆的庆祝，并试图挽回在雅各宾党人那里遭受的经济损失。以此为背景，他们召开了维也纳会议，与会代表们严肃认真地讨论了应该穿长裤还是短裤的问题，对西班牙问题及萨克森的下一步行动却毫无兴趣。由此可见，拿破仑的倒台，对于欧洲的统治阶级来说，是一件多么值得庆贺的事情。当然，维也纳会议也不是毫无成果：神圣同盟的缔结，使国家体制中的主要力量变成了警察机构，欧洲也得到了表面上的平静。

前奥顿地区的主教塔列朗、奥地利哈布斯堡家族的代表首相梅特涅、俄国沙皇亚历山大，被称为维也纳会议的三大巨头。其中，塔列朗希望尽力拯救风雨飘摇的法国，在他尚未抵达维也纳时，就已经得到盟国分裂为两个敌对派别（一方是奥地利和英国；另一方是俄国和普鲁士）的消息，但不管哪一方取得胜利，登上欧洲的霸主地位，对英国和奥地利都绝非好事。凭借出色的外交手段，塔列朗在两大派别之间，为法国赢得了长达十年的和平。奥地利首相梅特涅是哈布斯堡外交政策的制定者，他十分反对战争，希望"维持稳定"，重新推行大革命前的旧制度，以使人民过上和平的生活。在他的极力周旋下，欧洲列强保持了长达四十年的和平状态——这种局面持续到1854年，俄国、英国、法国、意大利、土耳其各国才针对克里米亚展开争夺战。至于沙皇亚历山大，他是一个信奉神秘主义的矛盾体，一方面他是一个暴君；另一方面他有希望能够革命。幸运的是，他曾经打败了拿破仑，将俄罗斯推上欧洲救世主的地位。亚历山大十分热爱外交，组建"神圣同盟"的伟大计划就是他提出来的,而在维也纳会议中,他也是焦点和吸引力的源泉。

大革命之后,人们的性格越来越焦虑,在长达二十年的痛苦生活中,他们逐渐变得神经质,即便是大革命所宣传的"自由""兄弟情"等观念,也不能使他们得到任何安慰。他们唯一希望的,就是抓住一些能帮自己重新找回面对生活的勇气的东西,就这样,一群骗子登上了历史舞台。这些骗子从《启示录》中挖掘出一些别人弄不懂的教义,并到处传播。

1814年,亚历山大得知了一位预言到世界末日的女先知的事情,那就是冯·克吕德纳男爵的夫人,她一直试图感动亚历山大沙皇,使他意识到自己曾经的过错。1815年6月4日,被忧伤困扰的亚历山大接见了男爵夫人,三个小时后,亚历山大痛哭流涕地表示自己的灵魂得到了安宁,并从此将男爵夫人视为忠实的伙伴和灵魂导师。无论怎样,女先知和亚历山大的组合,对于"神圣同盟"的缔造都是非常关键的——这也是我们在这里介绍这位看似无关紧要的女士的原因。

图5

由于离不开俄国的帮助,法国、英国、奥地利尽力和亚历山大保持着友好的关系,并极力忍耐那位女先知。因此,尽管他们非常不认同神圣同盟,还是竭尽所能地克制着自己的脾气,接受了沙皇创建神圣同盟的动机:签字国在对内部及外部事务进行管理时,唯一的指导原则必须是基督教的公正、仁慈、和平,并互相承诺建立一种真正可靠的兄弟关系。总而言之,最后奥地利的皇帝、法国的波旁王室、普鲁士国王及所有在俄国任意摆布下的欧洲小国,都在那份条约上签了字——天知道其实他们对沙皇所说的话一个字都没有听懂，但他们又有什么选择呢？当时能够和拿破仑对抗，并满足他们各种需要的，恐怕只有俄国。当然，也有国家没有签字，比如说英国、土耳其。另外，教皇非常反感希腊的东正教徒和新教徒对他自己国家的内部事务指手画脚，所以也没有签字。

然而，欧洲的老百姓很快就不得不对这个条约加以认可，毕竟，梅特涅组织的五国盟军正在背后为这个神圣同盟条约撑腰，这些军队时刻提醒世人不得打扰欧洲的和平——这个"世人"主要指的是试图使欧洲重返大革命的混乱时期的雅各宾党。

欧洲人渐渐失去了对1812年到1815年时发生的解放战争的激情，开始虔诚地期望幸福生活的到来，之前那些四处征战的士兵也成为和平的宣传者。不过人们想要的和平，并非神圣同盟和列强们所带来的那种，但他们谨言慎行，因为周围到处都是监视他们的便衣警察。对革命的反攻取得了成功，策划反攻的人的出发点是人类的幸福，但这次反攻并未收到想要的效果，甚至给改革制造了不必要的障碍。

第五十四章　反动势力的顽抗

想要将拿破仑的影响完全清除，是一件非常艰巨的任务。各国的防线早已崩溃，宫殿变成了废墟，为了弥补革命时期的损失，每个国家都在尽力扩张。革命结束后，各种奇怪的革命教义在社会上盛行，要彻底清除这些教义，必然会造成社会的动荡。不过，参加维也纳会议的政治家们还是取得了很多"成果"。

法国在很长一段时期内，都是世界和平的敌人，也因此为其他国家所忌惮。尽管波旁王朝的塔列朗承诺会认真治国，但百日政变使欧洲国家清楚地认识到，要是拿破仑第二次脱逃，将会带来怎样可怕的后果。为此，他们开始积极备战：荷兰共和国变成王国，比利时加入新尼德兰王国。

波兰王子亚当·查多伊斯基是亚历山大的密友和顾问，所以，那里的人民在波兰被划分为俄国的半独立领地后非常愤怒，并进行了三次革命。

作为拿破仑最忠实的盟友，丹麦人受到的惩罚非常严厉。英国舰队于七年前轰炸了哥本哈根并抢走了丹麦的全部军舰，维也纳会议则将丹麦的挪威作为奖品，送给了瑞典的查尔斯十四世。

意大利人在文艺复兴后不断地被入侵者所骚扰，并在波拿巴将军身上投注了所有希望，但拿破仑皇帝并未使他们如愿以偿：意大利被分割为许多教皇国、小型共和国、小公国、公爵领地。部分小共和国被维也纳会议废除，并重新恢复原有公国建制，成为哈布斯堡家族一些成员的奖品。

反抗拿破仑的西班牙人，在维也纳会议中遭到了严惩。暴君斐迪南七世因维也纳会议回归后，很快就恢复了宗教法庭和刑房，将自己的子民带入了痛苦的生活中。但由于他的合法王位处于神圣同盟的保护下，西班牙人民也对他无可奈何。

1807年后，葡萄牙始终处于无国王的状态，并在1808年至1814年的半岛

人类的故事

战争期间,被威灵顿军队当作后勤补给基地来对待,1815年后成为英国的一个行省,几年后随布拉冈扎王室回归王位恢复独立。其中一位布拉冈扎成员受邀出任巴西皇帝,打造了美洲大陆上的唯一一个帝国,并维持到1889年巴西共和国成立时。

东欧的斯拉夫人和希腊人的痛苦生活并未就此结束,他们依然处于土耳其苏丹的统治下。1804年,塞尔维亚的小猪倌卡拉·乔治起义反抗土耳其人,但被塞尔维亚领袖米洛什·奥布廉诺维奇——塞尔维亚奥布廉诺维奇王朝的创始人所杀,后来,土耳其人继续称霸巴尔干半岛。

希腊人在长达2000年的时间内,一直被其他民族所奴役,现在,他们希望借助亚历山大最要好的私人朋友——科俘岛人卡波德·伊斯特里亚来改变自己的命运。可惜的是,维也纳会议并未同意他们的请求。

维也纳会议所做的最错误的决定,就是对德国问题的处理。这个国家在宗教改革和三十年战争后陷入了分裂状态,其中不少小国家希望独立出来,但又缺少强大的领导者。当时有五个王国:维滕堡、萨克森、巴伐利亚、普鲁士、奥地利使用德语,是拿破仑允许存在的。维也纳会议成立了一个由奥地利皇帝统领的新日耳曼同盟,其中有38个拥有独立主权的国家,这些国家总是无法达成统一意见,日耳曼同盟也变成了欧洲的一个大笑话,更是德国人民心中的奇耻大辱。

日渐觉醒的人们开始尝试发动公开的反抗,但力量的悬殊和冷酷无情的警察系统,使他们毫无用武之地。在参加维也纳会议的成员看来,拿破仑皇帝之所以会犯下篡位罪,全是拜法国大革命思想所赐,因此,他们想方设法地铲除"法国思想"的追随者。1815年至1860年,政治密探是历史舞台上最活跃的人物,这些间谍无孔不入,全力阻止"法兰西思想"在自己的国家生根发芽。他们的活动受到了教士们鼎力支持和协助,教会在大革命期间遭到空前的打击,如今,他们复仇的时候到了。

1814年,耶稣会回归,在世界上的所有角落建立了教区,向人们宣讲天主教义。但后来这些教区演变成干预当地政府内部事务的贸易公司,并遭到了一些国家的驱逐。新教国家普鲁士的情况也有所改善,教会给1812年那些伟大的爱国领袖戴上"煽动家"的帽子,对他们采取了严密的监控措施,同时受到监控的还有各个大学及那里的教授。

在实施这些反革命措施时,俄国显得十分荒诞,原本已经脱离突发性狂热困扰的亚历山大,竟然又患上了慢性忧郁症。他看清了自己的能力,也清楚地知道自己在维也纳会议期间遭到了梅特涅和克吕德纳男爵夫人的愚弄,并致力于成为真正的俄国统治者。可惜的是,他的年纪越来越大,已经不能再做什么了,只能任由大臣们将俄国变成大兵营。

第五十五章 欧美各国的民族独立战争

民族独立的信念，是反动者所不能动摇的。19世纪，南美洲人、希腊人、比利时人、西班牙人及欧洲的其他民族，先后走上了民族独立的道路。

法国革命给欧洲和美洲的人民带来了"民族自决"的理念，虽然拿破仑在对待民族情感和爱国热情的问题上，态度是冷酷无情的，但关于民族的全新信条依然不受时空限制地在欧洲各国传播了开来。

19世纪上半叶，世界各地的历史学家们都在忙着考古事业，并纷纷以发现的历史结果来彰显祖国的实力，各国人民的爱国热情和民族自豪感空前高涨。但维也纳会议根本没有顾及这一点，大人物们根据各自的利益需求，对欧洲的版图进行了重划，并在禁令中加入了"法国革命教义""民族感情"等条目。但历史的公平之处正在于此，"民族"依旧无可阻挡地成了人类社会稳步前进的有力推手。

南美独立战争的火苗，是从南美洲开始蔓延的。西班牙人因为拿破仑的长期战争而无暇顾及其他，南美大陆的西属殖民拥有了一段独立期。海地岛是唯一一个在法国大革命的影响下出现严重动荡的南美殖民地。法国国民公会突然决定收回1791年赋予海地黑人们的平等权利，这一举动的直接后果就是海地的黑人领袖杜桑维尔和拿破仑内弟勒克莱尔展开了长达数年的战争。1801年，杜桑维尔被勒克莱尔诱骗到一艘法国军舰上，不久后就离开了人世。不过，海地黑人最终还是赢得了独立，建立起共和国。

在第一位伟大的南美大陆西属殖民地的爱国者——西蒙·玻利瓦尔，尝试从西班牙手中将自己的国家解救出来时，海地黑人毫不吝啬地伸出了援手。玻利瓦尔是委内瑞拉人，1811年，委内瑞拉宣布独立，他是革命将领之一，后来，随着起义的失败，他开始了逃亡之路。在5年的时间内，玻利瓦尔将自己完全献给了祖国的独立，并在海地总统的慷慨相助下完成了这项伟大的事业。由此，整个南美大陆掀起了独立战争的热浪。为了应对这种局面，西班牙开始向神圣同盟求助，这引起了英国的恐慌，为了能够从南美人的独立战争中捞上一笔，英国希望美国对神圣同盟的行动进行干预，但并未得到回应。

此时的英国也有了一些变化，托利党人接替辉格党人的位置，成为内阁的掌权者，国务大臣由精于外交的乔治·坎宁担任。坎宁暗示美国，只要美国答应他们的请求，就会得到英国在海上的帮助。于是，门罗总统在1823年12月2日的国会上对神圣同盟发出了警告，显然，"门罗主义"发生了效力，梅特涅退缩了，西属南美殖民地和墨西哥取得了独立权。

在欧洲大陆上，在动荡不安的1821年秋天，希腊开始了反抗土耳其人的战争，并最终因英国富家子弟拜伦勋爵为其献身的影响力，赢得了所有欧洲国家的支援。而英国此时的首相正是乔治·坎宁，他知道，打击梅特涅的又一次良机到来了。就这样，英、俄、法三国的海军舰队于1827年10月20日联手向纳瓦里诺湾的土耳其军舰发动了攻击，1829年，希腊正式宣布独立，梅特涅"稳定"政策再次受创。

当时的法国正处于波旁家族的查理十世的统治下，拥有一个"一切为教士"的新政府，人民过着水深火热的日子。1830年7月27日，法国巴黎爆发了一场大革命，三天后，国王逃往英国，波旁家族的统治到此结束。在梅特涅的干扰下，法国没能重建新的共和制政府。

欧洲的局势剑拔弩张，法国的邻居比利时很快赢得了独立，由维多利亚女王的舅舅科堡的利奥波德出任国王。比利时和荷兰正式分开，成为和睦相处的邻居。在得知法国和比利时革命胜利的消息后，波兰人也开始向统治他们的俄国发起进攻，但并未取得成功。1825年，尼古拉一世成为俄罗斯沙皇，他十分重视神圣同盟宣扬的"兄弟之情"，并坚信俄罗斯永远是波兰的统治者。

同样，意大利也度过了一个不安的秋季。教皇国试图建立共和国，但被奥地利的军队给阻止了，梅特涅依然是所谓"和平"的维护者。18年后，人们终于发动了更加猛烈的革命，将欧洲从维也纳会议的桎梏中完全解救出来。

欧洲革命的风向标一直都是法国，1848年2月24日，法国人民将当时的统治者菲利普赶下台，并宣布法国为共和国。但这并未引起梅特涅的重视，两周后，

人类的故事

一场公开的起义在他的家乡奥地利首都爆发，他只好悄悄逃走。奥地利皇帝斐迪南迫于压力，颁布了一部包含人民想要的革命原则的宪法。这下整个欧洲都感受到了革命的力量，不久后匈牙利也在路易斯·科苏特的带领下，推翻哈布斯堡王朝的统治，宣布了独立。

同样，意大利人赶走了波旁国王，逐步建立起一个统一的独立国家，由伊曼纽尔担任首任国王。1848年的欧洲革命在德国引发了一场全国性的示威，人们强烈要求建立议会制政府，并将迷恋女色的巴伐利亚国王赶下王位，一步步形成成立宪制政府的统一国家，并推选普鲁士国王弗雷德里克·威廉为皇帝。但奥地利人建立起旧日耳曼联盟，试图抢夺德意志的胜利果实，这时候，普鲁士乡绅冯·奥托·俾斯麦被推上了历史舞台。他坚信，建立起一个统一而又强大的日耳曼国家，是德意志跻身欧洲列强行列的必备条件。在封建效忠思想的指引下，他力推自己追随的霍亨索伦家族为新德国的统治者，为此，他开始精心谋划解除奥地利对德意志世界的影响，这并不是一件容易办到的事。因此，俾斯麦首先开始暗暗加强普鲁士军队的实力，并着手寻找一项伟大的民族事业，以激起所有德国人的爱国热情，后来他成功了。

从中世纪起，荷尔施泰因和石勒苏益格这两个德国北部的公国就是非不断，这两个国家的居民主要是丹麦人和德国人，但它们都是丹麦国王的辖区。荷尔施泰因的德国人对丹麦人的暴政非常不满，但石勒苏益格的丹麦人极力维护自己的统治。就这样，普鲁士开始了收复失地的征战，奥地利显然不会同意它这么做，但哈布斯堡的士兵也加入了普鲁士的队伍，寡不敌众的丹麦人最终失败了，这两个小公国落到奥德联军手里。

接下来，俾斯麦蓄意和奥地利展开斗争，并击败奥地利，使其放弃了日耳曼联盟的领袖地位，他还将所有曾经和奥地利站在统一战线上的德意志小国并入了普鲁士，成立了北日耳曼联盟。

对于俾斯麦的举动，欧洲各国的反应各不相同。但是，北日耳曼联盟日益发展壮大，甚至击垮了法国的第二帝国，俘获了国王拿破仑三世。随后，法国建立起第三共和国，呼吁人民共同发起巴黎保卫战，反抗德国侵略者。5个月后，普鲁士国王在巴黎凡尔赛宫宣布出任德意志皇帝，条顿国家联盟为日耳曼帝国所取代，欧洲政治舞台上正式出现了一个现代强大的德国。

正是凭着这种野蛮粗鲁的方式，德国解决了问题。在维也纳会议 56 年后的 1871 年年末，它提出的政治工程完全被瓦解。梅特涅、亚历山大、塔列朗的出发点是给欧洲人带来持久的和平，但却引发了无数战争。然而，不可否认的是，那个精彩的民族主义时代给世界带来的深远影响，一直持续到了今天。

第五十六章　改变人类世界的工业革命

18世纪,一系列科学技术的发明尤其是老式蒸汽机的问世,彻底改变了欧洲人民的生活。

在50多万年前,为了使自己的生活更加方便,人类开始学会使用多种类型的工具。公元前10万年,世界上首只用老树做成的轮子诞生时,整个世界都为之震撼;在古希腊和古罗马时期,人类处于奴隶制社会,奴隶买卖的广泛流行,使机器发明显得并不重要;中世纪时,较为温和的农奴制取代了奴隶制,但由于农奴需要大量的工作,加上当时的人并不喜欢大批量生产商品,发明创造也无法引起他们的兴趣;文艺复兴时期,教会不再严格控制人们的科学发明,数学、天文学、物理学、化学等学科开始有所发展。三十年战争前夕,苏格兰人约翰·内皮尔著书介绍了自己的新发现——对数。战争期间,莱比锡的戈特弗雷德·莱布尼茨对微积分学科体系进行了补充。随后,意大利的天文学家伽利略离开人世,同年,英国伟大的自然科学家牛顿降生了。三十年战争后,"炼金术"风行一时,这为化学家们的发明奠定了基础。

就这样,世界的进步因人们的紧密协作变得更加快速,复杂机器的发明创造也成为现实。中世纪时已经诞生了几种木头机器,随后人们开始使用更加耐用的铁来制造机器,这样一来,英国的冶炼业得到了极大发展,而为了得到熔化铁矿需要的燃料,人们开始开发煤矿。挖掘时需要保持煤矿的干燥,为了解决抽水问题,1698年,伦敦的托马斯·萨弗里制造出一种获得了专利的抽水机。同时,荷兰人克里斯琴·海更斯也对一种新的发动机进行了完善。

"蒸汽机"是当时欧洲各地人的梦想,海更斯的好朋友和助手法国人丹尼斯·帕平制造了助力为蒸汽的小货车和小蹼轮,他离世后,托马斯·纽科曼发明了一种气泵。50 年后，格拉斯哥机器制造者詹姆斯·瓦特对纽科曼的发明进行了改进，1777 年，世界上首台具有实际应用价值的蒸汽机诞生了。

在上述这些事情发生的那段时间内，世界的政治局势完全不同了：英国取代荷兰成为了海上霸主，在世界各地建立了殖民地，将掠夺来的原材料运回国内加工并向世界出售成品。北美的佐治亚州和北卡罗来纳州人于 17 世纪开始种植棉花，纺织工艺由此得到了发展。约翰·凯于 1730 年创造了飞梭。40 年后，詹姆斯·哈格里夫斯制造的"纺纱机"获得了发明专利。同年，美国人伊莱·惠特尼制造的轧花机促进了棉花加工效率的提高。后来，埃德蒙·卡特赖特和理查德·阿克赖特基用水力推动的大型纺织机。18 世纪 80 年代，人们将瓦特发明的蒸汽机和阿克赖特发明的纺织机结合起来，给经济与社会生活带来了重大变革。

成功发明了固定式蒸汽机后，发明家们开始着手对交通工具进行改造。瓦特曾试图制造蒸汽机车，1804 年理查德·特里维西克将他的这个构想变成了现实，而美国珠宝商罗伯特·福尔顿此时正在向拿破仑推销他发明的汽船及"鹦鹉螺号"潜水艇，遭到拒绝后，他开始和罗伯特·R.利文斯顿合伙创办汽船公司，并很快发明了配有博尔顿和瓦特发明的引擎的"克莱门特号"汽船，垄断了纽约州水域的航运业务。

首位将蒸汽船用于商业领域的是约翰·菲奇，但他的发明并未得到人们的重视。在他因绝望而自杀的 20 年后，可以载重 1850 吨的"萨瓦拉号"汽船成功横跨了整个大西洋。6 年后，英国人乔治·斯蒂文森制造出移动式引擎，不仅节约了煤炭资源，还使人们得以享受每小时 15 英里的速度。几十年后，速度高达每小时 20 英里的火车诞生了。

和工程师们的科学发明相类似的是，科学家们也在寻找通往大自然最神秘、最核心领域的道路。早在 2000 多年前，梅里塔斯的泰勒斯、普林尼等希腊与罗马的哲学家，就发现了这样的现象：琥珀被羊毛摩擦后，能够吸附稻草等小东西，但并未对"电"力现象做出深入研究；文艺复兴后，威廉·吉尔伯特（英国女王伊丽莎白的私人医生）就撰文对磁的特性和现象进行了探讨；三十年战争期间，玛格德堡市长、气泵发明者奥托·冯·格里克发明了首台电动机；1795 年，"莱顿瓶"问世。同时，美国天才本杰明·富兰克林将毕生精力都用在电的研究上；此外，伏特（电堆发现者）、法拉第、奥斯武德、安培、伽伐尼、戴伊等都为电的研究做出了极大贡献。

艺术家塞缪尔·摩尔斯利用自己发明的一个小机器和铜线,在纽约和巴尔的摩间拉了一条"电报线";1844年5月24日,华盛顿向巴尔的摩发送了人类史上第一个长途电报。23年后,借助电流的原理,亚历山大·格雷厄姆·贝尔发明了首部电话。半个世纪后,意大利人马可尼发明了无线通信系统。

1831年,约克郡人迈克尔·法拉第发明了第一台"发电机",这台发电机经过不断发展完善,直到今天依然在为现代人提供热力、照明等服务。

第五十七章 社会革命的风暴

新机器的发明,使过去的小作坊工作者开始成为机器的雇员,虽然经济效益提高了,但他们的生活似乎并不快乐。

在过去,小作坊里的工人是社会上最主要的工作者,他们过着勤劳简朴却自由自在的生活。然而,随着机器的出现,他们的生活彻底不一样了。事实上,人类之所以发明机器,主要还是为了让它们帮助自己提高工作效率。但由于这些机器工具造价不菲,人们通常需要集资购买,并根据投资比例来分享利润。所以,在机器可以为人们谋取利润的情况下,生产商们开始为这些大型工具寻找现金买主。

在财富和土地画等号的中世纪初,唯一的有钱人就是贵族。随着法国大革命的兴起,贵族的地位逐渐降低,中产阶级在社会上日益活跃,他们通过投机土地、贩卖谷物和军火等方式,获取了大量财富,并在机器时代利用这些财富开设工厂,雇佣工人对机器进行操控。从此以后,数十万人的生活状况发生了翻天覆地的改变。短短数年时间,城市人口迅速膨胀,农民纷纷涌入城市,在工厂里每天工作11个小时以上,很快,他们的身体被累垮了,最后只能悲惨地离开人世。

机器所带来的高效率,使不少传统工人失去了工作,为此,他们也曾经对工厂发动过袭击,但工厂主们的损失往往能够从保险公司那里获得赔偿。一段时间后,更加先进的机器出现了,蒸汽味和钢铁味充满了整个世界,行会的地位逐渐下降,直至完全从社会上消失,被新式的工会所取代。拥有大量财富的工厂主介入各国政治体系,通过立法机关立法,对工人成立工会的行为加以禁止,以免工会干涉工人为他们卖命的工作。

18世纪下半叶,知识与政治领域都不是很稳定,新经济观念取代了旧经济观念。法国大革命爆发之前，路易十六的财政大臣杜尔哥曾提出"自由经济"理论，希望所有人都能按照自己的意愿生活。同时，英国的亚当·斯密在《国富论》中，再次呼吁"自由"和"贸易的自身权力"。30年后，拿破仑被打败，欧洲的老百姓在经济生活中得到了自由。

不可否认，机器的普遍使用极大地助推了国家的进步和社会财富的增长。出钱购买机器的资本家也从中获得了暴利，并开始涉足政治领域。当时的英国仍旧保留着根据1265年的《皇家法令》推举国会议员的做法，但新兴工业中心不在推举范围内。为了使工厂主在立法机构中具有更大的权力，1832年，资本家们对选举制度进行了改革。但由于政府中根本没有工人阶级的代表，这种做法遭到了大批工人的强烈反对。为了争取选举权，工人们发动了一场运动，并提出了写有自己要求的《大宪章》。随后，宪章运动爆发，但由于领导者的无能并未取得成功，政府的权力逐渐落到新兴的富有工厂主阶级手中，农民的土地也一点点被大城市的工业环境所蚕食，随之而来的是众多欧洲城市逐渐变为现代的贫民窟。

第五十八章　影响深远的奴隶解放运动

伴随着机器的普遍使用，一个新的世纪来临了。

1831年，英国著名立法家、政治改革家杰里米·本瑟姆，在首个修正法案通过之前，提出了这样一个观点：真正爱别人，让别人过得舒适，是让自己过得舒适的最好办法。这一观点得到了许多英国人的拥护，他们开始竭尽所能去帮助他人。

"自由经济"有其存在的必要性，但在经济生活中以其为最高原则，就会造成不可想象的后果：为了最大限度地从工人们身上获取利润，工厂主冷酷无情地压榨着他们。政府甚至通过立法强迫穷人的孩子去做工人，而这些孩子得到的除了监工们的皮鞭，就是恶劣的饮食和猪圈似的住房。成千上万儿童因此而死去，这是非常令人痛心的。工业中心的代表取代土地贵族统治国会后，虽然人们也希望改变这种境况，但在法律的威严下，他们又能做些什么呢？

一个令人费解的现象是，人们每一次冲击这种盛行于世界各地的野蛮雇佣制度，出发点都是维护非洲和美洲那些黑奴的利益。机器的普及，使黑人们不得不更加辛苦地劳作，以种植更多的棉花，繁重的劳役和监工的皮鞭夺去了很多黑人的生命。欧洲许多国家在听说了这种残暴野蛮的行为后，掀起了一场大型的废奴运动。英国人威廉·维尔伯福斯和卡扎里·麦考利联手组织一个团体，对奴隶制进行反对。他们首先通过立法来禁止奴隶贸易，1840年后，所有的英属殖民地都废除了奴隶制。法国于1848年完成了这项事业。在荷兰和俄国，1863年废除了奴隶制。1858年，葡萄牙人通过立法承诺将在20年内恢复奴隶的自由身。

奴隶的问题在美国引起了一场艰辛的内战：《独立宣言》所宣扬的"人人生而平等"，并未惠及黑人和奴隶，北方人越来越厌恶奴隶制，南方人却需要奴隶来维持棉花种植业。美国的众议院和参议院为此展开了长达半个世纪的争论，最后，南方各州就威胁说要退出联邦，这几乎造成了美国历史的改变。但在反对奴隶制的共和党人——美国总统亚伯拉罕·林肯的努力下，问题最终得到了很好的解决。

那就是著名的美国南北战争，以南方的失败告终。1863年年初，林肯发表《解放宣言》，赋予了所有的奴隶自由身。令人遗憾的是，林肯总统于1865年4月遭人杀害，但他废除奴隶制的伟大事业取得了成功。

在黑人得到解放时，欧洲的工人依然处于"自由经济"的束缚下。自20世纪三四十年代起，人们就开始为改善工人阶级的处境而努力，但他们不曾试图摧毁整个资本主义体系，而是希望借助法律来对工人和工厂主间的关系加以规范，并取得了一定的成绩。劳动者平均每天只需要工作八个小时，他们的子女得以进入学校接受教育。

此时，还有一些人在为人类的未来而不断思索，他们希望改变现存的社会秩序，取消只注重高额利润的竞争体制，让人类真正过上幸福的生活。为了创造这样一个美好的世界，英国人罗伯特·欧文曾建立过"社会主义社区"，但这个"新拉纳克"社区随他的离世而瓦解；法国新闻记者路易斯·勃朗曾尝试建立"社会主义车间"，但并未取得理想成绩。社会主义知识分子渐渐明白，这种小社团是成不了气候的，只有充分研究为整个工业体系和资本主义社会提供运营支撑的基本规律，才有希望彻底改变当时的状况。

在实用社会主义者弗朗西斯·傅立叶、路易斯·勃朗、罗伯特·欧文之外，有两位社会主义理论研究家：弗里德里希·恩格斯、卡尔·马克思。其中，马克思以欧文与勃朗的社会实验为契机，开始研究自由主义思想，但遭到了德国警察当局的追捕，不得不四处逃亡。

后来，马克思于1864年成立国际劳工联合组织，并于3年后出版《资本论》第一卷。在他看来，"有产者"与"无产者"的斗争贯穿于整个人类史中，资本家随着机器的普及出现后，开始利用工具和工人创造更多财富，并建立更多工厂——这种循环是没有尽头的。此外，资产阶级将越来越富，无产阶级将越来越穷，最后，将有一个人掌握世界的所有财富，雇拥所有人。

为避免出现这种局面，马克思号召所有的工人阶级共同争取政治、经济上的权利，1848年欧洲爆发的最后一场革命，马克思在《共产党宣言》中介绍了相关内容。但是，官方显然无法认同马克思的观点，为了对付社会主义者，普鲁士等国家纷纷制定了严厉的法律，以迫害和镇压社会主义者。即使这样，也未能阻止社会主义在欧洲各地传播的脚步，最后，社会主义者进入内阁，开始为铲除工业革命所造成的危害及合理分配社会财富而努力。

第五十九章　突破重重障碍的科学革命

经过长期奋斗赢得行动自由的科学家，开始对宇宙的基本规律进行探索。

在科学发展早期，古代的罗马人、希腊人、迦勒底人、巴比伦人、埃及人，都曾推动科研的进步。但是，地中海一带的古代世界曾被4世纪的大迁移毁灭，因此更加注重灵魂世界的基督教并不重视科学的发展。这种局面一直持续到文艺复兴时期，但16世纪初期发生的宗教改革运动非常仇视"新文明"产生的理想，科学的发展再次受到阻碍。

不管怎么说，那个时代的科学家们都以无比的勇气和献身精神，为人类开拓了抽象知识的世界，为现代社会的科学发展奠定了基础。由于教会的敌意，很多科学先驱都过着非常清贫的日子，他们也不能公开发表研究成果，只能偷偷地在地下印刷所出版。在天主教和新教徒的暴力手段下，这些来自法国、英国和德国的哲学家、数学家、物理学家四处逃难，如果幸运的话，他们会得到宽容的荷兰人的收留，并在那里度过一段自由的时光。

13世纪时，天才罗杰·培根为了避免遭到教会的迫害，很多年都没有写作；500年后，法国宪兵依旧在极力阻挠《百科全书》的编撰；50年后，质疑《圣经》创世故事的达尔文被人类视作公敌……讽刺的是，最后这一切科学发现与发明创造的受益者，大部分是当初这些反对它们的人。

17世纪，地球与太阳系的关系成为科学家们的关注焦点，但教会依旧对此表示反对。首次提出宇宙的中心是太阳这一理论的哥白尼，到离开人世前才敢发表自己的著作；受到教会密切监视的伽利略，只能偷偷地观察星空，并将可靠的观察数据留给后来的艾萨克·牛顿——伟大的英国数学家，"万有引力定律"的提出者。

在很长一段时间内，万有引力定律的发现勾起了人们研究天空和地球的兴趣。17世纪后期，安东尼·范·利文霍克发明的显微镜，使"微"生物的研究变得更加容易，为疾病学、细菌学和古生物化石研究的发展奠定了基础。人们通过研究发现，地球拥有远远久于创世纪故事的历史。1830年，查理·莱尔爵士在《地质学原理》一书中否定了《圣经》中的创世故事，并对地球缓慢的发展过程进行了介绍。此外，拉普拉斯、基希霍夫、邦森等也对宇宙、太阳等进行了研究，伽利略甚至发现了太阳耀斑的存在。

经过和天主教及新教国家的神职当局间的长时间斗争，解剖学家和生理学家开始通过解剖尸体，来研究人类的身体器官和特性。在1810年到1840年，科学的各学科领域取得的成就超越了过去几十万年的智慧总和。拉马克和达尔文发现，人类的起源可以追溯到地球上最早的居民——水母，其经过了一系列的进化，才变成现在的样子。

19世纪，中产阶级创造了一个全新的世界，在这个世界里人们的生活和各种科学发现紧密相关，但他们始终对"科学理论"研究者心存怀疑。而那些科学家呢，为了能够利用科学发明使人类过上更加幸福健康的生活，往往不惜牺牲生命。

实际上，当时许多被认为无药可医的疾病，现在都已不再是难题，就连小朋友都懂得一些简单的医学常识。1846年，美国报纸首次刊登关于使用"乙醚"进行无痛手术的报道后，遭到了不少欧洲人的否定。

无论如何，最后获胜的是科学，一个崭新的社会制度建立起来了，但很快又出现了新的问题，为了解决这一问题，无数人奉献出了自己的生命。

第六十章　艺术的回归

每个人的成长，都经历过这样一个过程：刚出生的婴儿，只要吃饱喝足就会开心地哼唱一些成人认为毫无意义的音符——这为音乐创造了最初形态；再长大一些，到了可以在地上坐得笔直时，就开始用地上的泥土捏各种形状的泥饼——这就是最初的雕塑；三四岁时，可以开始用画笔到处乱画，那些奇怪的笔画，就是美术的雏形。后来，学校生活开始了，再也没有时间自由创作了，之前所掌握的那些艺术天赋就被慢慢淡忘了。

民族的发展过程，就像小孩子的成长过程：穴居人摆脱冰河纪，建设新家园后，就开始按照身边的实物创作一些简单的艺术品；早期的东方民族如埃及人、巴比伦人、波斯人等，在尼罗河和幼发拉底河流域成立小国家后，开始重视建筑、服饰等的美观；中亚草原的游牧民族创造了新形式的诗歌及庙宇、悲剧、喜剧、雕塑等光芒夺目的艺术；并不注重精神享受的罗马人，创造了几种实用的建筑形式……可惜这一切都被野蛮的日耳曼部族摧毁了，作为弥补，他们从东方引进的艺术在中世纪时发展成了"中世纪艺术"，其中非常著名的一项就是"哥特式"建筑——在数百年中，这种建筑形式都被欧洲大陆的人民尊为艺术的最高境界。

古代希腊和罗马，以教堂为中心，形成城市市民的生活圈。为了使教堂能够同时容纳更多人，在几个世纪的时间里，建筑师们都在不懈地探索。12世纪，欧洲的建筑师们终于从清真寺的建筑样式中受到启发，创造了一种新的建筑形式，后来，他们结合"哥特式"建筑的特色，对这种建筑形式进行了完善。当时，玻璃还是一种稀有物，一般的建筑上基本看不到玻璃的身影，后来古地中海地区的彩色玻璃制作工艺重新发展起来，这种"哥特式"教堂才得以用玻璃做装饰。

就这样，上帝的宫殿变得越来越雄伟壮观，信徒们纷纷前来朝拜。为了使教堂变得更加完美，人们投注了大量心血。雕塑家们在教堂的各个地方刻满上帝和圣人的形象，绣工们为教堂的四壁绣出富丽堂皇的挂毯，珠宝匠更是为祭坛的装饰工作呕心沥血。

要知道，用彩色玻璃装饰宫殿的墙体和地面，并不是一项简单的工作，就像画家难以讲述自己的真实情感一样。中世纪时，画家能够在教堂的墙壁上，用熟石膏水调制的颜料作画。这种"湿壁画法"最大的不足，就是石膏会随时间而脱落，为了改善这种状况，人们进行了长达1000多年的试验。直到15世纪上半叶，南尼德兰地区的扬·范艾克和胡伯特·范艾克将一种特制的油和颜料混合起来使用，才解决了这个问题。

不过此时宗教狂热已经降温了，艺术家们为了谋生，只好给统治阶级或者富人们绘制肖像。很快整个欧洲就刮起了一阵油画风，基本上每个国家都形成了一个独特的画派。

随着教会退出历史舞台，一个新的社会阶级崛起了，绘画及所有其他艺术形式都受到了极大的冲击。印刷术的出现，使作家们有了用武之地；市民们的娱乐需求，催生了职业剧作家的诞生。16世纪，剧场出现了，但职业剧作家和演员并未拥有较高的社会地位，就连伟大的剧作家威廉·莎士比亚也如此，直到他离开人世，人们才开始表示出对他的敬重。一生创作了1800多部世俗剧、400多部宗教剧的西班牙人洛佩·德·维加，得到了教皇的称许。100年后，法国喜剧家莫里哀赢得了路易十四的赞许。此后，戏剧开始受到人们的重视。

作为一种艺术形式，音乐开始受到人们的高度欢迎。文艺复兴改变了中世纪人们只能听宗教音乐的状况，极大地促进了音乐的发展。从早期的埃及人、巴比伦人和古代犹太人，到后来的希腊人、罗马人，都为音乐形式和乐器的丰富多样性做出了贡献。中世纪晚期，人们开始需要音乐家，并且涌现出老式吉他等乐器。

后来，现代钢琴出现了，在所有乐器中，它的流传最为广泛，相信大家对它也并不陌生。得益于现代钢琴的出现，音乐知识开始在社会上普及开来，现代歌剧逐步形成，意大利、德国的不少城市建立了歌剧院。

18世纪中期，欧洲的音乐取得了进一步的发展，出现了一位对音乐史的发展具有非常重要推动作用的音乐家，他就是约翰·塞巴斯蒂安·巴赫，曾经用各种乐器演奏过各种类型的音乐，给后世带来了深远影响。1750年，巴赫去世，莫扎特继承了他的事业,创作了许多欢快的音乐。后来,路德维西·冯·贝多芬创造了交响乐,这位双耳失聪的伟人,让整个世界都听到了他的《第三交响乐》。

实际上,对于工业世界来说,油画、雕塑、诗歌、音乐等艺术是毫无意义的,但艺术最终还是重新找到了自己的定位,并使人们意识到艺术对于生活的重要性。

第六十一章　西方列强的殖民扩张与战争

在笔者开始撰写本书前的最近 50 年中，历史上发生了许多重要的事情。当时大多数强国已经变成了政治和经济的结合体，它们非常重视铁路、航线、电报线路的建设，以便更加方便地管理各地的领土。此外，它们一刻不停地扩张着各自的殖民地，基本上占领了所有可以登陆的非洲、亚洲土地。法国占领了东京湾、安南、马达加斯加、阿尔及利亚；德国占领了西南和东部非洲的一些地区，并将定居点建立在中国黄海附近的胶州湾、许多太平洋岛屿、新几内亚、喀麦隆等地；意大利占领埃塞俄比亚的计划失败后，将黎波里从土耳其苏丹手里掠夺了过来；俄罗斯将所有的西伯利亚地区装进口袋后，又占领了中国的旅顺港；在 1895 年的甲午战争中，日本打败了中国，掠夺了台湾岛，并于 1905 年占领了整个朝鲜国；1883 年，当时世界上最强大的殖民帝国英国，开始针对埃及（1886 年苏伊士运河通航后，这个文明古国一直处于外国侵略的威胁下）采取保护行动。这一行动取得成功后，英国获得了丰厚的物质利益，并于接下来的 30 年中通过一系列殖民战争占有了两个独立的布尔共和国——奥兰治及德瓦士兰。此外，在它的鼓励下，野心勃勃的殖民者塞西尔·罗兹奠定了非洲联邦的基础，这个联邦的版图从好望角延伸到尼罗河口，领土包括欧洲殖民地以外的所有地区和岛屿。

1885 年，借助探险家亨利·斯坦利的发现，比利时国王利奥波德在赤道附近创立了一个庞大的帝国——刚果自由邦。这个帝国起初推行绝对君主专制，在被比利时吞并后，情况变得更加糟糕。

此时的美利坚合众国的领土已经很大了，所以它并不是十分热衷于扩张领土。然而，当看到古巴人民依然因为西班牙人的残酷统治而过着痛苦的生活，华盛顿政府不得不采取积极行动，将西班牙人赶出古巴，并将波多黎各和菲律宾变成自己的殖民地。

世界经济的发展过程是自然而然的，工厂在德国、英国、法国等国家的迅猛发展，使它们对原材料的需要日益增加；而欧洲劳工的大量涌现，又需要相应的食品供应量，为了获得更多的小麦和谷物，世界各地都在寻找更大的市场，更多的橡胶种植园、煤矿、铁矿、油田。

发生在欧洲大陆上的单纯政治事件，显然已经不能再吸引那些正忙于修建山东铁路或开通维多利亚湖航线的人们的注意力了。他们并非不清楚还有许多问题存在于欧洲，只是不愿意想办法去解决，这种冷漠的态度带来的仇恨和痛苦，一直延续了好几个世纪。欧洲东南部的巴尔干半岛上始终纷争不断；19世纪70年代，为了争取自由，罗马尼亚、门的内哥罗、保加利亚、塞尔维亚发起了战争，而在西方众列强的支持下，土耳其人对起义进行了镇压。

1876年，俄罗斯人民再也无法忍受保加利亚经历的屠杀，俄罗斯政府只好采取行动。从1877年4月起，俄罗斯军队先后攻克了希普卡要塞和普列夫那，直至向君士坦丁堡发起攻击。当土耳其向英国求救时，不少英国人都认为不该帮助土耳其苏丹，但刚扶持维多利亚女王当上印度女皇的迪斯雷利却坚持和土耳其站在统一战线上。1878年，俄罗斯被迫签署《圣斯蒂芬诺和约》，巴尔干问题成为柏林会议的议题。

柏林会议是由英国首相迪斯雷利操控的，因此会议十分注重维护土耳其的利益。幸运的是，会议承认了罗马尼亚、塞尔维亚、门的内哥罗等王国的独立地位，以及保加利亚的半独立地位，但因为土耳其苏丹的命运是英国考虑的重点，这几个国家没能在政治和经济等方面得到提升。此外，会议允许奥地利拥有黑塞哥维那、波斯尼亚的统治权。在哈布斯堡王朝的治理下，这两个曾经隶属于大塞尔维亚帝国的地区得到了很好的发展，但居住在那里的塞尔维亚人十分痛恨这些侵占了自己祖国的奥地利人。

在仇恨的驱使下，一个塞尔维亚的学生于1914年6月28日，在波斯尼亚的首都萨拉热窝刺杀了奥地利王储斐迪南——正是这一暗杀事件，直接导致了第一次世界大战的爆发。事实上，在柏林会议召开的那个年代，这次战争就已经埋下了伏笔，当时欧洲世界将全部精力投入到物质文明建设中，过分忽视了巴尔干半岛上某些居民的精神世界。

下 卷

第六十二章　新世界的建立

第一次世界大战爆发后，一个新世界建立起来了。

在法国大革命爆发前，德·孔多塞侯爵的身份是国民公会里的温和派首领。在大革命中，他的角色转换为高尚的革命倡导者，并将自己的生命献给了这项伟大的事业。同时，他还曾经参与过达朗贝尔和狄德罗编写《百科全书》的工作。

在国王和保皇分子策划的叛国阴谋中，孔多塞侯爵成为"不受法律保护的人"。为了保护他的安全，朋友们甚至不惜牺牲自己的生命，但不想连累朋友的孔多塞侯爵悄悄逃出巴黎，试图返回老家。在途中，他不幸被乡民们抓住，很快就离开了人世。

为了人类的幸福，不少像孔多塞一样的人奉献了宝贵的生命，但法国大革命创造了一个新时代。同样，第一次世界大战虽然恐怖，但也给人类带来了新希望。通常，人们会以古代、中世纪、文艺复兴及宗教改革、现代等阶段来划分人类的历史，但无论在哪个阶段，人们都在为自己的事业而不懈奋斗。我们现在记录古人创造的历史，和千百年后子孙探寻我们的生活轨迹一样，总是难免有一些和事实有出入的地方。如果让他们评价世界大战，他们一定会认为这是为了地中海的霸权地位，罗马与迦太基两个国家之间发生的长达128年的争夺战。而在他们了解我们现在认为非常高端的一些设备和设施时，肯定也会带着我们现在看待中世纪炼金术士一样的态度。

历史就是这样，不断地更新换代，所以很难精确地用几个阶段来对其进行划分。新的时代总是以旧时代积累的经验为基础，人类要想拥有真正的"文明"，就必须大胆质疑眼前的事物，并建立更加理性的社会。在这个过程中，新世界成长起来，而第一次世界大战是这个过程中的必然产物。

也许在研究世界大战的过程中，不同国家的人会基于自己国家的利益，提出不同的观点，当然，他们都会尽力把战争的罪魁祸首描述成别的国家。但随着历史的进展，历史学家会渐渐看清事情的真相：战争的种子，在新的充满钢铁、化学与电力的世界创立之初就已经埋下，当矛盾积累到一定的程度，就会在历史的某个关口上爆发。

前文已经介绍过，在最后一任罗马皇帝死后，罗马帝国的观念依然风靡了1000年之久。诸多"仿罗马帝国"纷纷成立，代表了罗马世界强权观念的罗马主教得以成为整个教会的首脑，大量善良的人们沦为战争的牺牲品。

在宗教改革一个多世纪后，大规模的宗教战争爆发了，这场大屠杀发生的时间和法国、德国及英国科学家发明第一台蒸汽机的时间十分吻合，但全身心投入神学争执的人们并未重视这种奇特的机器。

在不到一代人的时间里，19世纪时欧洲人发明的煤焦油产品、大机器、飞行器、电报等，就已经在欧洲、美洲和亚洲得到了普及，这个新世界的形成，使时空的距离变得越来越短。与此同时，为了维持工厂的运作，工厂主需要持续的原材料和煤的供应。为了达到这一目的，这些依然保有中世纪体制的国家开始扩充陆军和海军的实力，以争夺更多殖民地。他们屠杀那些殖民地的居民，抢占当地的钻石矿、煤矿、油田、橡胶园，有时候两个国家还会为争夺同一片殖民地而发生战争。

但是，战争并不是人们真正想要的。在20世纪初的人们看来，暴力只和过去的君权王朝有关系，他们生活在一个信息、商业、工业、贸易更为发达的繁忙世界里，只有少部分人可以意识到，国家制度的发展无法跟上时代的变化，但他们的提醒并没有引起人们的重视。

第六十三章　临别赠言

在此书即将完结的时候，笔者将对法国著名作家法朗士的言辞加以引用，作为临别赠言：

"越是对生活中的问题加以思考，我越坚信我们的陪审团和法官的角色，应该由讽刺和怜悯来担任，就像女神伊希斯和涅芙狄斯，是古埃及人为死者而祈求的对象一般。"

"我们最好的顾问，应该是讽刺和怜悯，它们分别以微笑和泪水，使我们的生活更加愉悦和纯洁。"

"我祈求的讽刺向来温柔宽容，而不是喜欢嘲笑爱与美的残忍的女神。她让我们学会在面对无赖和傻瓜时，以一种讥笑而不是鄙视和憎恨的态度，并用美丽的微笑化解了我们心中的敌意。"

结束语

在这本书中,笔者曾经使用过的比喻有很多,这里还有一个:如果把国家比作一艘船,那么17世纪的商业冒险家和希腊人、威尼斯人、埃及人、罗马人所乘坐的那艘,一定是用结实的木材建造而成的,而船上的指挥者,也必须是熟练的船员和了解船只性能、掌握祖先遗留的航海术的人。

在随之而来的钢铁和机器时代,船体逐渐开始发生变化,从局部到整体直至完全变样。它的外形越来越大,用蒸汽机替代了风帆,客舱的条件好了许多,但只为少部分人提供服务,大多数的人不得不去锅炉仓里。尽管那里的环境比过去安全了许多,也能赚到更多钱,但危险性并不亚于过去操纵帆船索具,所以人们并不感到舒服。随着时间的推移,一艘全新的现代远洋轮取代了这艘古老的木船,不过指挥者依旧是被任命或是被选举出来的同一群人,他们使用着15世纪的航海术和弗雷德里克时代的航海图、信号旗,根本无法胜任自己的工作。

实际上,国际政治的汪洋大海比人们想象得要小很多,在这片狭小的海域中,大部分参加竞赛的帝国和殖民地的船只间很容易产生摩擦——直到现在,那片海域里还留着一些船只的残骸。

这并不是一个难懂的故事,现代的世界非常希望能够出现一批新的领导者,来承担起这些新的责任。他们必须胆识过人、高瞻远瞩,掌握一套与时俱进的航海艺术,并对现在的航程有着清醒的认识。

能够成为这艘船领导者的人,必须拥有丰富的理论和实践知识,他们成功地完成航行时,或许会被某些船员夺去领导者的位子,但无论如何,最终必然会出现一个人物,带领船只安全地驶入港湾,那就是时代的英雄。